Gustav Adolf Pourroy

Das Prinzip Intrige

Gustav Adolf Pourroy

Das Prinzip Intrige

Über die gesellschaftliche Funktion eines Übels

EDITION INTERFROM

CIP-Kurztitelaufnahme der Deutschen Bibliothek

Pourroy, Gustav Adolf:
Das Prinzip Intrige: Über d. gesellschaftl. Funktion
e. Übels / Gustav Adolf Pourroy. - Zürich: Edition Interfrom;
Osnabrück: Fromm, 1986.
(Texte + [und] Thesen; Bd. 194)
ISBN 3-7201-5194-8

Vertrieb für die Bundesrepublik Deutschland:
VERLAG A. FROMM, Osnabrück
Gestaltung: Zembsch' Werkstatt, München
Gesamtherstellung: Druck- und Verlagshaus Fromm, Osnabrück

Inhalt

Schütze mich
vor der Rotte der Bösen,
vor dem Toben der Frevler.

Sie wetzen ihre Zunge
gleich einem Schwert,
gleich giftigen Pfeilen
schnellen sie ab ihre Rede:

Um den Schuldlosen zu treffen
aus ihrem Versteck,
ohne Scheu ihn jählings zu fällen.

Entschlossen sind sie zum Bösen,
ihm heimlich Schlingen zu legen,
fassen sie ihren Plan.

Sie sagen: „Wer wird uns sehen?

Wer wird unsere Heimlichkeiten durchschauen?“

aus Psalm 64

Vorwort

Der Gedanke zu diesem Essay entstand 1976. Lange habe ich gebraucht, um in die Zwielichtigkeit menschlichen Handelns einzudringen. Skrupel ließen mich häufig zögern. Aber die Möglichkeit, aus dem Leben heraus ein menschliches Kampfprinzip zu schildern und sowohl soziologisch als auch moralisch zu bewerten, ist ungemein reizvoll. Wenn durch die Verbreitung der Analyse das Konfliktlösungsverhalten in komplex strukturierten Gesellschaftssystemen bewußter werden kann, ist ein Zweck erfüllt.
Das vorliegende Buch ist eine Beschreibung des Phänomens Intrige, wie es uns täglich begegnet. Daher werden diejenigen enttäuscht sein, die ein Rezeptbuch erwarten. Gleichwohl glaube ich, daß das Buch dazu dienen kann, dem Bedrängten zu helfen, seine Situation besser zu verstehen und daraus Hilfen abzuleiten.
Man wird sich manchmal fragen, ob nicht noch andere oder tiefere Schnitte möglich oder auch notwendig wären. Sicher mag auch der eine oder andere den Eindruck gewinnen, daß die Schilderung menschlichen Handelns nach dem Prinzip Intrige manchmal zu negativ ausfällt und die Menschen zu böse darstellt. Zum einen sei zugegeben, daß Intrigen oft feiner und vielschichtiger gesponnen werden; ich wollte aber ein handliches Schema finden. Zum anderen hat die französische Theaterliteratur des 17. Jahrhunderts bewiesen, wie scharf und pointiert menschliche Verhaltensweisen zu schildern sind, damit die Kritik erfolgreich in den Herzen der Menschen weiterbewegt wird. Es ist ein Vorteil plastischer Darstellung, daß der Widerspruch dazu anregt, eigene Erfahrungen rascher zu reflektieren.

Da ich Zeit hatte, die Analyse über das Prinzip Intrige zu formulieren, konnte ich ein kurzes Buch schreiben; der Leser gestatte mir diese kokette Version römischer Gedanken über die Länge von Briefen. Die Kürze ist hier entscheidend, da sie den erfahrenen Führern von Sozialkörpern und einzelnen Interessierten gestattet, das Problem in seiner ganzen Komplexität gerafft aufzunehmen. Und nichts kann mir lieber sein, als meine Gedanken durch rege Diskussion und Widerspruch vervollständigt zu sehen.
Der nüchterne Leser wird erkennen, daß zuweilen nicht nur Sarkasmus, sondern auch Leidenschaft die Feder geführt hat; der lebenserfahrene Mensch, dem die Intrige in vielen Versionen begegnet ist, wird das verstehen. Den Verlockungen von mehr Erfolg durch Listen widersteht der Mensch nur schwer. Was verbessert werden kann, ist deshalb weniger der Mensch, aber vielmehr die Situation, in die er gestellt wird. Den guten Seiten des Menschen eine bessere Chance zu geben: das wäre eine Tat. Welchem Sozialsystem es immer gelingen mag, unvermeidbare Konflikte in seinen Entscheidungsprozessen mit weniger Friktion zu lösen — der Erfolg würde den Innovationsaufgaben der Zukunft nutzen.
Ich danke Eberhard Schnelle für eine erste kritische Durchsicht und wertvolle Anregungen.

München, im Juli 1986

Gustav Adolf Pourroy

Einleitung: Oder das Wesen der Intrige

Der Begriff *Intrige* besitzt einen hohen emotionalen Gehalt. Menschen sprechen das Wort Intrige mit Widerwillen aus; Intrigen sind moralisch anrüchig und häßlich; es ist schimpflich, als Intrigant bloßgestellt zu werden.

Die Intrige ist ein taktischer Angriff aus der Deckung heraus, um dem Angegriffenen zu schaden. Menschen tragen listig, und in der Regel unter Tarnung, mit der Intrige Konflikte untereinander aus.

Die hauptsächlichen Listen der Intrige sind die dialektische Deformation von Information und die Manipulation des Verhaltens von Menschen, erleichtert durch die Kenntnis typischer Reaktionen einzelner Menschen und ihrer Schwächen. Wie leicht ist schlummerndes Mißtrauen geweckt, und wie schnell wirkt das Gift einer listenreich plazierten Information!

In „Othello“ läßt Jago das Tüchlein Desdemonas fallen und manipuliert – die Empfindlichkeit Othellos kennend – den Mohren zur tödlichen Eifersucht gegen Desdemona. Nur Jago kennt die Wahrheit über das Tüchlein – seine Dialektik: Für Othello hat das Taschentuch eine andere, von Jago berechnete Bedeutung. Jago ist getarnt, Othello weiß nicht, daß er Opfer einer List wird. Jagos dialektisch berechnete Information „Desdemonas Tuch auf dem Boden“ ist das Kampfmittel, um sein Ziel zu erreichen. Dieser arglistige Anschlag zeigt eine einfach aufgebaute Intrige und verdeutlicht ihr Wesen.

Zu jeder Intrige gehören in der Regel drei Personen. Es sind aber auch Intrigen unter zwei Personen denkbar, wenn sich der Intrigant das Unterbewußtsein oder geeignete Charaktereigenschaften, z. B. die Arglosigkeit eines Menschen, nutzbar macht. So legt Scarpia in der

Oper „Tosca“ die arglose Tosca herein, indem er behauptet, ihr Geliebter werde nur zum Schein mit Platzpatronen erschossen.

Man kann drei Grundformen der Intrige kennzeichnen. Unterscheidet man nach der angewendeten Angriffsart, so gibt es den indirekten Angriff (z. B. Jago, das Tüchlein der Desdemona verlierend, oder das tapfere Schneiderlein, Steinchen auf einen Riesen werfend), der darauf abzielt, einen Dritten, ein Medium, zum Angriff einzusetzen; man kann dieses Angriffsprinzip auch den *Billardstoß* der Intriganten nennen.

Im zweiten Angriffsprinzip nutzt der Intrigant die Schwachstelle seines Ziels, eine Blöße oder eine kompromittierende Situation, zu einem direkten Angriff aus. Das ist der *Schuß auf die Achillesferse.* Dabei spielt der Intrigant zum Beispiel eine Beschwerde hoch, nachdem er sie vorher jemandem entlockt hat.

Die dritte Grundform der Intrige ist das *Komplott* als das Bündnis mehrerer Personen, um jemanden anzugreifen, Hindernisse aufzubauen oder in anderer Weise den Angegriffenen zu schädigen. Nach einer Geschichte im „Buch der Richter“ des Alten Testaments verbündeten sich die Philister mit Delilah, der Freundin Samsons, um das Geheimnis der Stärke Samsons zu ergründen; sie versprechen Delilah dafür 1100 Silberschekel.

Es ist leicht zu sehen, daß Angriffe nach dem Billardprinzip, in der Art des Komplotts oder im Schuß auf die Achillesferse grundverschieden sind. In der Regel besteht eine Intrige aus einer ganzen Kette von Einzelintrigen der drei Grundformen, die von Meistern der Intrige virtuos variiert werden. Im folgenden stehen im wesentlichen die drei Grundformen im Vordergrund. Das Komplott hat in der Verkettung der Grundformen vor allem eine verstärkende Funktion für Billardstoß und Achillesschuß.

Da Tarnung ein wichtiges Moment der Intrige ist, geht die Analyse auf Mischformen der Konfliktauseinandersetzung (insbesondere mit Gewalt, ob durch Dolch, Florett oder Gift) nicht ein. Intriganten, die auch den Dolch verwenden, sind — so gesehen — keine Meister ihres Faches, denn sie hinterlassen Spuren, es sei denn, sie stoßen andere indirekt an, die schmutzige Arbeit zu machen. Zu dieser Ausnahme gehört Dumas' Meisterintrigant „Graf von Monte Christo", der seine Feinde so gegeneinander ausspielt, daß sie sich gegenseitig umbringen.

Neben der Kennzeichnung der Intrige in ihren drei Grundformen ist ein weiteres Unterscheidungsmerkmal die Erkennbarkeit für den Angegriffenen. Beim Komplott ist der Angriff für den Angegriffenen in der Regel nicht von vornherein erkennbar. Dagegen erkennt das Opfer des Angriffs bei Diffamierungsvokabeln in öffentlichen Reden sofort die Absicht des Intriganten. Gerade noch enttarnbar ist die Wertschätzung beteuernde, aber doch geheuchelte Schmeichelei, die mit gegensätzlichen Aussagen verbunden wird. In „Julius Caesar" von William Shakespeare hält Marcus Antonius eine Rede vor den römischen Bürgern gegen Brutus und beteuert stets nach belastenden Aussagen „. . . und Brutus ist ein ehrenwerter Mann". Brutus aber kann die List erkennen, denn die Schmeichelei paßt nicht zu seinem Mord.

So kann man auch die Grundsituationen im Drama mit denen der Intrige vergleichen: Informationsdefizit, Informationsmangel, Informationsverteilung und Deformation von Information sind hier die dramatischen Mittel. Nicht der Held, aber das Publikum weiß, daß unter seinem Stuhl eine Bombe tickt. Auch Szenen im Schachspiel sind ähnlich, manche Absichten liegen offen dar, mancher Rösselsprung wird falsch kalkuliert.

Noch ein wichtiges Merkmal der Intrige darf nicht übersehen werden. Zur Intrige gehört nicht nur die Arglist; insbesondere das Bündnis wird oft erst durch einen Schuß Illoyalität zum intriganten Komplott. Nicht jeder Zusammenschluß von zwei Interessenten gegen einen Dritten ist schon eine Intrige, denn die legitime Wahrnehmung von Interessen muß keine Intrige sein, insbesondere dann nicht, wenn Arglist fehlt.
Die spanische Literatur hat eine große Zahl von Intrigenstücken hervorgebracht, in denen die Ränke gleich Perlen auf Schnüren aufgereiht sind und das Publikum erbauen; Schiller hat ein Drama „Kabale und Liebe" genannt; Bismarck beschreibt in seinen „Gedanken und Erinnerungen" unter „Intriguen" ganze Serien davon; ob wir zu Molière schauen oder zu Scribes „Das Glas Wasser", überall ist Intrige, und es scheint, daß der Mensch an diesem Schauspiel Kurzweil hat.
Beispiele aus Geschichte und Literatur veranschaulichen die analytischen Aussagen dieses Essays. Die Auswahl weit zurückliegender Ereignisse, die fast ins Zeitlose entrückt sind, lassen keine Animositäten aufkommen und geben dem Leser die Gelegenheit, wie bei einer Parabel Analogien zu seinen eigenen Erfahrungen zu suchen. Die so mögliche Projektion von Sozial-Analyse, Geschichte und Erfahrung vertieft die Betrachtung der eigenen Situation. Wenn im folgenden daher Beispiele aus der Geschichte herangezogen werden, so kommt es nicht darauf an, ob die Intrigen wirklich so geschehen sind, sondern nur, ob sie so denkbar sind. Die deutsche, die französische und die englische Geschichte wie auch die gesamte Weltliteratur bieten reichliche Fundquellen.
Die Intrige kann nicht nur als ein infamer Kunstgriff in der Konfliktauseinandersetzung gesehen werden. Da es die Intrige als gesellschaftlichen Untergrund-

kampf seit Menschengedenken gibt und sie einen festen Platz im ewigen Widerstreit der Interessen der Menschen besetzt hält, darf angenommen werden, daß die Intrige im Spiel der Kräfte eine soziale Funktion hat. Aber kann ein offensichtliches Übel im menschlichen Zusammenleben ein Faktor sein? Wie ist es möglich, daß eine Sünde, die soviel Böses bewirkt, in der Interaktion zwischen Menschen auch vermitteln kann? Der Widerspruch zwischen Moralität und Realität der Intrige im menschlichen Dasein spiegelt sich schon in diesen Fragen, und hier liegt das eigentliche Problem, das mit diesem Essay offengelegt werden soll.

Die Strategeme

„Ich komme jetzt zum letzten Teil der Anklage: daß ich die Fürsten Schurkerei und Knechtung lehrte. Wer immer mein Buch unparteiisch und mit Nachsicht liest, wird unschwer erkennen, daß es nicht in meiner Absicht liegt, der Welt eine solche Regierungsweise oder die dort beschriebenen Männer zu empfehlen; geschweige denn, die Menschheit zu lehren, wie man gute Menschen und alles, was auf Erden heilig und ehrwürdig ist ... mit Füßen tritt. Wenn ich Gestalt und Farbe dieser Ungeheuer allzu eingehend geschildert habe, so hoffe ich, daß die Menschheit sie um so besser erkennen und meiden wird; denn meine Darstellung ist zugleich Satire und wahrhafte Beschreibung ..."

Niccolo Machiavelli an einen Freund

Der Billardstoß

Voltaire hatte mit dem Präsidenten der Preußischen Akademie, Maupertuis, einen Strauß auszufechten, weil Maupertuis einen Freund Voltaires, den holländischen Mathematiker König, im Verfolg eines wissenschaftlichen Streits aus der Akademie ausschließen wollte. Zudem kam die Ranküne Voltaire sehr gelegen, weil er Maupertuis von seinem Präsidentenstuhl verdrängen wollte, um sich selbst für das Amt zu profilieren. Obwohl Voltaire gute sachliche Gründe hätte anführen können und auch ein Brief von Leibniz die Beweisgründe von Maupertuis brüchig erscheinen ließ, wollte Voltaire sich auf eine offene Auseinandersetzung nicht einlassen; er war zudem kein Fachmann, sondern versuchte, mit einem anonym veröffentlichten „Lettre à un Académicien de Paris" Maupertuis' fehlerhafte Beweise bloßzustellen und das Publikum gegen Maupertuis einzunehmen. Friedrich der Große, Schirmherr der Akademie, nahm Maupertuis mit einer öffentlichen Entgegnung in Schutz. Darauf publizierte Voltaire — wiederum anonym — eine zweite Streitschrift in Form einer Satire: „Diatribe du Docteur Akakia/Médecin du Pape" (Voltaire dazu: „Ich habe zwar kein Szepter, aber ich habe eine Feder"), deren satirische Boshaftigkeit Friedrich zwar Vergnügen bereitete, aber die Staatsraison aus dem Gleichgewicht geraten ließ, weil Maupertuis vor der europäischen Öffentlichkeit lächerlich gemacht wurde. Friedrich konnte Maupertuis nur retten, indem er Voltaire fallen ließ. Der Henker hatte öffentlich die Streitschrift zu verbrennen und die Asche Maupertuis zu bringen; so rehabilitieren Könige.

Man sieht in dieser Intrige zwei wesentliche Elemente des Strategems *Billardstoß:* Der Intrigant selbst bleibt in der Tarnung. Er manipuliert die Öffentlichkeit von der Deckung aus und zieht mit der erregten Schadenfreude die Lacher auf seine Seite. Friedrich wußte natürlich, von wem eine solche satirische Schrift kam, das Publikum aber konnte es allenfalls ahnen.

Der Billardstoß ist also der indirekte, intrigante Angriff aus der Deckung heraus. Jemand anders soll zum Agieren verleitet oder veranlaßt werden. Der Intrigant bleibt versteckt.

Die *Verleumdung* zielt ab auf ein bestimmtes, erwartetes Verhalten zum Dritten. Die Desinformation setzt den Angegriffenen herab, und der Intrigant erwartet, daß Dritte daraufhin zu einer berechneten Aktion gegen das Ziel ansetzen. Spielarten der Lüge sind hierbei die Auslösung oder das Aufrechterhalten eines Irr-

tums, das Unterschieben, das Unterstellen oder das Anhängen eines solchen.
Eine weitere Art der Verleumdung liegt in der Informationsverstärkung: Wahre Tatsachen werden stärker herausgestellt, andere Tatsachen hingegen weggelassen. Diejenige Information, die beim Dritten besonders ankommen soll, wird betont, oder aber die wahren Tatsachen werden mit Lügen untermauert.
Die Fritsch-Affäre des Jahres 1937 ist ein gutes Beispiel für diese Art der Intrige. Unter dem Namen „Fritsch" wurde im Sicherheitsdienst (SD) eine Akte über einen Homosexuellen geführt. Der SD, auf der Suche nach einer weichen Stelle beim Widersacher Generaloberst Fritsch, schien für den Hinweis dankbar. Göring und Himmler ließen sich auch dann nicht zu einer Ehrenerklärung herab, als eine Namens- bzw. Personenverwechslung klar wurde. Der „Zeuge" wurde unter Druck gesetzt. Die so sorgfältig aufrechterhaltenen Zweifel konnte auch das Ehrengericht nur formal, nicht aber tatsächlich aus der Welt schaffen. Fritsch wurde „untragbar". Er hätte zumindest nach der Regel „cui bono" erkennen können, aus welcher Richtung der Angriff kam: Ein Machtwechsel im Heer sollte Fritsch als Gegner Hitlers kaltstellen.
Ganz anders verhält es sich bei der anonymen *Verleumdung*. Hier ist der Intrigant vollendet versteckt und vor der Gefahr einer Rückstoßwirkung einer offenen Verleumdung geschützt. Beispielsweise hat der SD dem sowjetischen Nachrichtendienst Spielmaterial über angebliche Kontakte des Marschalls Tuchatschewskij zur Wehrmacht zukommen lassen. Dies traf auf das Mißtrauen Stalins; er agierte wie berechnet und ließ die Rote Armee „säubern" (und damit schwächen). Mannigfach zeigt sich auch in neuerer Zeit, daß

sich die Desinformation steigender Beliebtheit nicht nur bei den Nachrichtendiensten erfreut.
Die offene Plazierung wahrer Sachverhalte ist die simple *Denunziation*. Auch hier ist das Kalkül einfach: Der Intrigant hat Informationen gesammelt und weiß, daß sich der Empfänger der wahren Information gegen das Opfer wenden wird. Judas wußte, was die Hohenpriester wissen wollten. Aber nicht immer wird die Information so offen preisgegeben. Oft versteckt sich der Denunziant mit einem Vorwand; so läßt er „versehentlich" eine Information zur Einsicht offen liegen, oder er „verspricht" sich.
Zu einer solchen Art gehört auch die Veröffentlichung von Memoranden oder das Zuspielen abgehörter Telefongespräche mit kompromittierendem Inhalt, der belastend gegen ein Opfer wirkt: Damit tritt zutage, was allerorts insgeheim bereits diskutiert wird.
Ein weites Feld der Intrige ist die vertrauliche Plazierung wahrer Sachverhalte, die verdeckte Denunziation; denn hier kann der Intrigant dem Empfänger der Information gegenüber den Anschein der Loyalität aufrechterhalten. Auf die vorsichtige Frage „Kann ich das verwenden?" wird schon ein leichtes Zögern des intriganten Informanten den Empfänger vorsichtig machen. Schießt er aber, ohne den Informanten zu warnen, sofort los, kann der Empfänger der Information sicher sein, daß der Informant nicht mehr zu seinen Freunden zählt.
Das Opfer kann nur durch Hinweise von Freunden erkennen, woher der Schuß kommt. Der Intrigant hofft auf die Verläßlichkeit seines Informationsempfängers, die Quelle seiner Information nicht zu offenbaren, und das ist sicher die schwache Stelle des intriganten Angriffs. In den noch zu behandelnden Abwehrmöglichkeiten von Intrigen spielt diese weiche

Stelle (z. B. wenn der Intrigant auf einen Freund des Angegriffenen trifft) eine besondere Rolle.
In der Blötz-Affäre des Bundesnachrichtendienstes (1979) hat man zur vertraulichen Plazierung des wahren Sachverhaltes sogar einen Rechtsanwalt — neue Spielart — den Brief an die Disziplinarinstanz schreiben lassen. Ob der Schuß nun das „Hinterbringen" einer Information ist, das den Empfänger der Information in Aktion setzen soll, ob es das „Zuspielen" einer Information ist oder ob es sich um einen „Versprecher", also um eine gezielte, manipulierte Indiskretion, handelt, alle Spielarten zielen darauf ab, dem Angegriffenen gegenüber das Gesicht zu wahren. Da die menschliche Verstellungskunst unermeßlich ist, sind auch gerade diese Grundarten von Intrigen besonders häufig.
So wird von Talleyrand berichtet, daß er im „Moniteur" just in dem Augenblick einen Bericht über die geglückte Phimoseoperation an dem Ehemann seiner Geliebten einrücken ließ, als sie eines Kindleins genesen war. Damit war der Ehemann der Lächerlichkeit preisgegeben, denn so konnte er nur schwer der Vater sein. An diesem Gaunerstreich kann man die Tarnung der Intrige und den „Billardlauf der Kugeln" besonders gut studieren.
Bei der vertraulichen Plazierung wahrer Sachverhalte muß der Intrigant befürchten, daß sein Angriff dem Opfer bekannt wird. Wenn dagegen ein Freund das Angriffsziel informiert, ist der Angreifer bei der anonymen *Denunziation* vor der Entdeckung sicher. Allerdings wird eine anonyme Denunziation bei ehrenhaften Menschen entweder nicht beachtet oder nur sehr vorsichtig verwertet werden, „weil man nicht weiß, wer dahintersteckt", es sei denn, die Ehrbarkeit oder die Vorsicht wird zugunsten einer besonders gün-

stigen Gelegenheit, jemanden schadlos anzugreifen, zurückgestellt. Wenn der anonyme Denunziant diese mögliche Beeinträchtigung seiner Zielsetzung kennt oder damit rechnen muß, wird er gerissener vorgehen. Dann entscheidet sich der Intrigant in der Regel für eine Denunziation, bei der nicht von vornherein zu erkennen ist, daß etwas „denunziert“ worden ist: Man läßt dann z. B. Akten liegen, oder man schaltet eine ahnungslose Zeitung ein, mit anderen Worten, man „spielt anonym zu“, wohlgemerkt, ohne daß man die Tarnung verläßt. So verwendet der Informationsempfänger die Information in dem vom Intriganten berechneten Sinne und setzt zur offenen Aktion gegen das Opfer an. Aufklärung bringt bei solchen oft rätselhaften Vorgängen meist nur die Regel „cui bono“, aber erst dann, wenn der „intrigante Schuß“ schon getroffen hat und Wirkungen zeigt. Da das Ziel des Angriffs nicht erkennen kann, woher der Schuß wirklich kommt, wird es vom Schlag überrascht. Daher wirken sich gerade diese Formen der Intrige für das Opfer unverhältnismäßig hart aus.
Der Intrigant liebt die Tarnung seiner Absichten. Bei dem „unbeabsichtigten“ Sprechfehler — einem gewollten Ausrutscher — wird nicht gleich jeder Zuhörer darauf kommen, daß böse Absichten dahinterstehen. Oft wird nur das ausgesprochen, was alle schon ahnten oder wußten. Hierunter fällt auch die Wahl von *Diffamierungsvokabeln* in Schrift und Rede. Die Diffamierungsvokabel soll das Publikum gegen den Diffamierten einnehmen, ohne daß es von vornherein erkennen kann, wie, wer und wohin es manipuliert wird. Geschickt hält der Intrigant Abstand vom höchsten Grad, der Beschimpfung, die ja leicht durchschaubar ist; er wählt feinere Worte wie: Der Unternehmer erzielt nicht Gewinne, sondern er „streicht Profite

ein", der Arbeiter ist nicht krank, sondern „er feiert krank", der Inhaber ist ein „Schlotbaron", und der gewerkschaftlich organisierte Arbeiter ist ein „Roter".
Mit dem möglichst unauffälligen Gebrauch von Diffamierungsvokabeln sucht der Intrigant schleichendes Gift in die Herzen zu träufeln und Menschen gegen ein Ziel einzunehmen. Der Gebrauch von Diffamierungsvokabeln wird häufig in der Annahme wiederholt, daß steter Tropfen den Stein höhlt. Eine weitere Art dieser Form der Intrige ist das öffentlich geäußerte (zweifelhafte) Kompliment; auch die „Spitzen", die Damen aufeinander abschießen, zählen dazu.
Anders verhält es sich beim eigentlichen intriganten (indirekten) *Billardstoß* „einen gegen den anderen ausspielen". Hier soll die Spannung zwischen den unmittelbar Betroffenen rasch aufgebaut werden und möglichst schnell zum berechneten Ablauf führen. Der Intrigant bleibt in der Deckung und ist, anders als bei der Diffamierungskampagne, fast vollkommen vor der Entdeckung sicher. Das tapfere Schneiderlein sitzt auf dem Baum und wirft Steinchen auf einen der beiden schlafenden Riesen, bis sich einer, gereizt bis zum äußersten, auf seinen Kumpan stürzt und sich letzten Endes beide gegenseitig umbringen. Wie viele arglistige Schneider sitzen auf den Bäumen und spielen Menschen gegeneinander aus? Der rasch erregte Argwohn der Menschen ist der Gehilfe dieses „Meister-Intriganten". Ein Wort kann den Verdacht erregen, und es bedarf wenig, um diesen weiter zu schüren. Desdemonas Tüchlein, von Jago mit listigen Worten in die Hand von Othello gelegt, hat die gleiche Wirkung wie der Stein vom tapferen Schneiderlein.
Der Intrigant bleibt getarnt, und das Opfer sieht plötzlich Ereignisse gegen sich ablaufen, die ihm unerklärlich und deren Ursachen nicht zu erkennen sind.

Plötzlich erscheinen Menschen feindlich, die vorher Freunde waren, bestimmte Reaktionen werden anders, die Gesichter lächeln verschlossener: Die Situation erscheint „kafkaesk“. In dieser Situation einen Freund zu haben, der einen aufklärt, ist Goldes wert. Shakespeare gestaltet Marcus Antonius' historische Rede auf dem Forum Romanum in „Julius Caesar“ in Form einer demagogischen Rede, die das Volk gegen Brutus aufwiegeln soll. Jedem Abschnitt der Rede geht ein belastender Sachverhalt voraus, dann folgt die Beteuerung „. . . und Brutus ist ein ehrenwerter Mann“, bis die Volksseele kocht. Taktisch ähnlich ist Galileis Weg, die Disputanten seiner Abhandlung offensichtlich falsche Beweise aufführen zu lassen und damit den Zuhörer zum wahren Schluß zu führen, den Galilei vor der Kirche widerrufen mußte. Diese *Mobilisierung der Kritikfähigkeit* von Zuhörern durch offensichtliche Widersprüche ist ein beliebtes, oft recht gut getarntes Hetzmittel im täglichen Leben. Da heißt es dann beteuernd: „Ich schätze Herrn Meier sehr, aber in diesem Fall . . .“ oder „Ich bin zu jeder Kooperation bereit, aber in diesem Fall . . .“. Ebenso kann man im Alltag beobachten, daß Leute, die jemandem Loyalität schulden, aber dessen Sache nur widerwillig vertreten wollen, auf den Trick verfallen, genau die Argumente für die Sache vorzubringen, von denen sie genau wissen, daß gerade diese Argumente die Gegenseite nicht überzeugen können. So ist alles fein eingefädelt: Man ist loyal geblieben und hat die Sache „vertreten“, aber man hat der Sache in Wahrheit geschadet.

Als Friedrich der Große Voltaire in Ungnade entlassen hatte, ließ er ihn auf der Rückreise in Frankfurt zernieren, um Voltaire den Orden „Pour le mérite" und den Kammerherrenschlüssel abnehmen zu lassen. Seine Agenten suchten aber besonders nach einem Band mit Gedichten von Friedrich aus einer Auflage von zehn Exemplaren, den nur Vertrauenswürdige besaßen; denn Friedrich wußte, daß sein Französisch fehlerhaft, jedenfalls nicht glatt genug war, aber vor allem, daß der Inhalt der Gedichte ihn kompromittieren konnte. Ein solcher Band in der Hand des ränkesüchtigen Voltaire konnte leicht zu einer Waffe gegen ihn werden.
Friedrich mußte deshalb befürchten, daß Voltaire den Band nur herumzureichen brauchte, um ihn zu blamieren: „Das sind Gedichte von Friedrich, ich finde sie im Ansatz ganz ausgezeichnet. Aber, sein Französisch! Er ist eben doch Preuße! Seine Gedankenführung ist sehr bemüht, aber, aber etc. . . ." Hier ist keine Anonymität erforderlich, nicht einmal Entrüstung, nur Heuchelei und die Tarnung der wirklichen Absicht.
Ähnlich lag der Fall, als Thomas Edison in seinem Kampf gegen die Einführung des Wechselstromes durch George Westinghouse die Gefährlichkeit dieser Erfindung dadurch publizistisch hochspielte, daß er reihenweise Katzen mit Wechselstrom töten ließ. Das Edison-Büro prägte sogar einen Ausdruck für Wechselstromtöten: „to westinghouse"; so wurde die vermeintliche Schwäche öffentlich angeprangert. Edison konnte offen auf die Gefahren hinweisen; zur Vervollständigung der Intrige wurde noch eine Diffamierungsvokabel geschaffen, die mit einem Verb alles sagte.

Jeder Mensch hat Fehler und macht Fehler. Diese triviale Wahrheit nutzt der Intrigant bei seinem zweiten Strategem, dem Angriff auf die Blöße oder dem *Achillesschuß*. Der Ränkeschmied will seine böse Absicht tarnen. Da er glaubt, daß ihm ein Angriff auf einen Fehler des Opfers nicht selbst angekreidet werden und sein Plan, Nutzen aus der Bloßstellung zu ziehen, nicht oder nur schwer durchschaut werden kann, glaubt er sich sicher.

Wohlgemerkt, die Handlungen des Intriganten selbst sind beim Achillesschuß in der Regel nicht getarnt, aber seine Absicht. Die Handlungen braucht er nicht zu verbergen, denn er hat ein „Alibi" — ein gesichtswahrendes Argument für seine Handlung. Seine Entrüstung ist nur Vorwand. Aber nicht nur die Schuld eines Menschen, seine Kompromittierbarkeit, liefert die Gelegenheit, in die Blöße zu stoßen, sondern auch seine Dummheit oder Arglosigkeit, in Fallen hineinzulaufen oder sich bloßstellen zu lassen. Beim „Grafen von Monte Christo" ist es einfach die Schwäche eines Gefangenen, sich nicht gegen die Widerrechtlichkeit seiner Gefangenschaft wehren zu können.

Nun kann man in Fällen von Dummheit, Arglosigkeit und Schwäche des Angriffszieles nicht einfach davon sprechen, daß das dem Intriganten ein Alibi gibt. Vielmehr ist es hier so, daß er durch Tarnung der Absicht sein Gesicht zu wahren sucht. Er stellt die Falle heimlich auf, das Opfer läuft selbst hinein. „Aber wie konnten Sie nur erwarten, daß das gutgeht!" mag der Ränkeschmied sein Opfer noch nachträglich verhöhnt haben, nachdem er es in die Falle laufen ließ.

Eine Hauptform des Achillesschusses ist das Hochspielen eines Fehlers oder einer Beschwerde. Nach den Memoiren von Saint Simon hatte es Louvois, der Minister Ludwigs XIV., gewagt, seinen verwitweten König kniefällig darum zu bitten, daß der König nicht seine Mätresse, die Marquise de Maintenon, heirate. Das konnte Louvois nicht gut bekommen. Schon viele Städte waren zu dieser Zeit im Pfälzischen Raubkrieg mit Wissen des Königs zerstört worden; als aber nach diesem Kniefall auch Trier verwüstet wurde, empörte sich die Maintenon darüber, und Louvois fiel in Ungnade.

Der menschliche Erfindungsgeist hat der Form der Kabale eine vielfältige Gestalt gegeben. Da werden Beschwerden aus Menschen vorgelockt, die sich eigentlich gar nicht beschweren wollten: „Berichte“ – über Vorfälle abgefaßt und zweckmäßig lanciert; harmlose Schilderungen von Gefahren zu Morddrohungen hochstilisiert, Beschwerden beim „richtigen“ Mann plaziert oder selbst dann durchgelassen, wenn sie einen Freund treffen können. Ziel ist es immer, dem eigenen dunklen Plan zu folgen. Man braucht nur einen Aufhänger, man muß Belastendes wissen und am richtigen Ort berichten, muß etwas verwenden können, die Fehltat des Opfers muß brauchbar sein. Die kleinste Schuld wird nach dem Wort „Wo Rauch ist, ist auch Feuer“ als größer unterstellt und mit einem mannigfaltigen Sticheleikonzept verfolgt, es müsse „doch etwas daran sein“; das Konzept „semper aliquid haeret“ wirkt immer.

Wenn es nicht gerade Beschwerden sein können, dann sind doch auch bestellte „Berichte“ oder Briefe dienlich, um eine Situation zu simulieren oder eine Vertrauenskrise herbeizuführen, in der „man doch einfach handeln muß“. Das Opfer sieht sich plötzlich Vorwürfen konfrontiert, denen es entweder früher keine Bedeutung beigemessen hätte oder die so überraschend sind, daß es sich schwer auf seine Verteidigung einstellen kann. Der Intrigant dagegen hat nur seiner

Pflicht genügt: „Ich mußte so handeln, denn wo kommen wir denn da hin ..."; „Es fiel mir schwer, aber die Pflicht ..."; „Ich konnte da nichts mehr machen ...".

Das *„Auflaufenlassen"* ist eine heimlichere, wenn man so will, feinere Form des Fehlerhochspielens. Der Intrigant läßt den Fehler, den das Opfer macht, so laufen, wie er eben geschieht; man sieht die Folgen voraus und läßt sie in der Hoffnung geschehen, einen eigenen Vorteil dabei herauszuholen. Ist das Opfer hereingefallen, so „retten" es die Meister der Intrige noch, um es zur Dankbarkeit zu verpflichten. Geheuchelt wird dann noch ein „Ich konnte da nicht zusehen, wie Sie in der Tinte saßen ..." hinzugesetzt.

In Daphne du Mauriers Roman „Rebecca" sieht Rebecca das Kleid der verstorbenen Frau ihres Mannes und zieht es — ermuntert von der intriganten Haushälterin — zum Hausball an; der Mann aber ist entsetzt. „Es ist doch gut, auf eine solche Weise an die verstorbene Frau erinnert zu werden. Wie kann man nur so hart reagieren!" Das ist die vollendete Tarnung des Intriganten in einem Alibi, hier braucht der Intrigant fast gar nichts zu unternehmen; nur hereinfallen lassen, das ist alles. Man darf sicher sein, daß dies nicht nur in Romanen vorkommt.

Ähnlich ist das Konzept, eine Falle zu stellen, einen Stolperdraht zu ziehen. Das Kalkül ist etwa das gleiche wie beim „Auflaufenlassen". Hier wird nur eine bekannte oder vermutete Verhaltensweise aktiv so hervorgelockt, daß sich das Opfer in Schuld verfängt und bloßgestellt werden kann. Hamlet weiß vom Geist seines Vaters, wie der Vater ermordet wurde. In der „Mausefalle" läßt er den Meuchelmord in einem Schauspiel travestieren. Das Gewissen des Königs ist der geheime Verbündete von Hamlet; die entsetzte Reaktion des Königs zeigt allen, daß der Geist die richtige Andeutung über den Mord gegeben hatte. Hamlet weiß nun genau, daß sein Vater von seinem Onkel gemeuchelt wurde.

Folgt man der Darstellung von Michael Voslensky in „Nomenklatura", so wurde Breschnews Rivale Schelepin nach London geschickt, um ihn dort mit den erwarteten öffentlichen Demonstrationen gegen Schelepin zu konfrontieren und als früheren Übeltäter herauszustellen. So wurde Schelepin untragbar und konnte ausgebootet werden.

Die Formen des „Fallestellens" sind vielfältig. Da wird Unwissenheit vorgegeben, damit der Gegner sich in Lügen verstrickt; da wird aus dem anderen herausgeholt, was man schon weiß; da wird man auf ein Argument festgelegt oder beim Wort genommen, weil der Ränkeschmied voraussieht, daß dieses bald gegen sein Ziel wirken wird. Und weiter werden — besonders dann, wenn Dritte dabei sind — Fragen mit Unterstellungen vorgelegt, die das Opfer nur mühsam erkennen kann und die die Antwort gleichsam eo ipso im Munde umdrehen. Schließlich ist das „Schuld-in-die-Schuhe-Schieben" nur eine Spielart des Fallestellens — man schlüpft hurtig selbst aus der „Schuldfalle" und lockt das Opfer hinein.

Vom Fallestellen zum „jemanden über die Absichten täuschen" ist es nur ein kleiner Schritt. Man wiegt jemanden in Ruhe, der die beabsichtigten eigenen Handlungen stören könnte. Da wird eingenebelt, getäuscht, verstellt, geschauspielert, geheuchelt, gelogen und geschmeichelt, damit das arglose Opfer nur nicht merkt, wo die wahren Absichten wirklich liegen. Scarpia — von Tosca nach der Freiheit ihres Geliebten bedrängt — beteuert, daß der Freund nur zum Schein erschossen würde. Oder Hagen Tronje, der Kriemhild bittet,

die verwundbare Stelle Siegfrieds zu zeichnen, um sie besser schützen zu können.
Täuschung und Falle haben jedoch für die Beziehung zwischen Opfer und Intrigant eine gewisse Einmaligkeit. Ein zweites Mal wird der so Betrogene nicht hereingelegt – zumindest nicht von diesem Ränkeschmied. Ähnlich ist das mit dem Trick „vortäuschen, von der Sache nichts zu wissen". Lauernd sieht der Intrigant, wie sein Angriffsziel sich in Lügen verstrickt, wartet gelassen auf die Blöße, in die er dann sein Florett sticht.
Nach Schiller – und wohl auch im wirklichen Ablauf der Geschehnisse – hat Elisabeth I. ihrem Lordkanzler die unangenehme Entscheidung für die Hinrichtung Maria Stuarts stillschweigend zugeschoben (oder überlassen). Das Todesurteil, von Elisabeth I. nach Zögern endlich unterschrieben, wurde – so ihr Vorwand – ohne ihre Zustimmung zum Vollzug weitergegeben. So konnte sie sich über die Selbständigkeit ihrer Lords empören, denn die eigene Entscheidung hätte die Königin bloßgestellt. Das Leben zeigt diese Variante der Intrige in vielfältigen Formen: Da wird laviert, sich nicht festgelegt, sich herausgehalten, werden sorgfältig Alibis gesammelt; es wird umgefallen, hingehalten, abgewartet, vertagt, still verhalten und ein „Da-muß-ich-mich-neutral-Verhalten" vorgegeben. Die eigene Entscheidung könnte belastend wirken, man läßt lieber anderen den Vortritt.
Schließlich ist noch die verschleppte Entscheidung zu erwähnen. Eine Entscheidung kann dem Intriganten schaden und dem Opfer nutzen. So muß der Matrose Dantes im Verlies schmachten, bis er entflieht. Als „Graf von Monte Christo" kann er sich an seinen Feinden rächen, indem er sie gegeneinander ausspielt, sie an Habgier und Eitelkeit zugrunde gehen

läßt. (A. Dumas hat mit dem Roman „Der Graf von Monte Christo“ fast ein Lehrbuch der Intrige geschrieben.)
Der Billardstoß ist der indirekte Schlag auf das Opfer. Der Intrigant manipuliert einen Dritten zur Handlung, er tarnt sich hinter diesem wissenden oder unwissenden Dritten. Beim Achillesschuß sticht der Intrigant ohne Tarnung in die Blöße eines Menschen, aber durch das Alibi geschützt, daß man ja nur einen Fehler ahnde. Der Analyse der beiden Grundformen der Intrige wird nun das Kapitel über das Bündnis zur Ränke, dem Komplott folgen. Alle drei Arten — daran sei noch einmal erinnert — sind selten so klar anzutreffen, wie sie in einer ausführlichen Analyse darzustellen sind. Gleichwohl ist die Kenntnis der Grundformen der Intrige wichtig für das Verständnis der Intrigenketten und ihrer Abwehr.

Das Komplott

Menschen mit ganz verschiedenen Zielen können dennoch in Teilbereichen deckungsgleiche Interessen gegen einen Gegner haben. Hier bewahrheitet sich die alte Regel aus der Geschichte, daß sich selten in einer Auseinandersetzung mehr als zwei Parteien bilden, und wenn mehr als zwei, dann oft nicht für lange. So sieht der erstaunte gemeinsame Gegner plötzlich zwei Menschen geschlossen gegen sich wirken, die bisher geschworene Feinde waren. So erging es Napoleon, als er in Wien hörte, daß Talleyrand seinen alten Rivalen Fouché eingeladen hatte und beide offensichtliche Einmütigkeit demonstrierten (1809). Dabei ist das Bündnis nicht immer von vornherein erkennbar. Erst allmählich erkennt der so Eingekreiste, daß zwei Geg-

ner am Werk waren und ihn in die Zange genommen haben, doch dann ist es meist zu spät.
Das in der Regel geheime Bündnis ist eine starke Waffe in der intriganten Konfliktaustragung. Das Opfer ahnt noch nichts, und doch ist die Taktik des verderblichen Spiels bereits beschlossen. Sich gegenseitig verläßlich erscheinende Partner sind zum Ränkespiel entschlossen. Sicher, der erfahrene Intrigant muß darauf achten, daß sein Vasall das Wissen um den Plan nicht ausnutzt und ihm als Überläufer schadet oder daß er aussteigt. Hier liegt die eigentliche Schwäche dieser an sich starken Grundart der Intrigen; man muß seinen geheimen Plan jemand anderem anvertrauen, aber dessen Beweggründen kann man vielleicht nicht trauen. Man folgt einem nicht gerade lauteren Plan. Warum sollte der Partner besser sein als man selber?
Der Wolf weiß, daß er dem Wolf nicht trauen kann. Es erscheint dem Wolf auch wenig nützlich, seinem Wolf-Kumpanen eine Moral- oder Treuepredigt zu halten, wenn dieser seine Haut retten will oder es vorzieht, lieber seinen fetten Bissen für sich zu behalten.
Natürlich ist das Komplott in der Regel für sich noch keine Intrige. Gleichwohl muß man es zu den Grundformen zählen. Aber erst durch die Handlungen „Billardstoß“ oder „Achillesschuß“ wird das Komplott als Bestandteil einer Intrige wirksam.
Bei der offenen Übereinkunft, gegen jemanden zu wirken, vereinbaren die Intriganten ausdrücklich das Ziel, in geeigneter Form anzugreifen. Es wird darüber gesprochen und danach gehandelt. Eine kongruente Interessenlage — vielleicht aus verschiedenen Richtungen — macht die Zangenbewegung als koordinierte Aktion möglich und stärkt somit ihre Position. Das Angriffsziel kann den Anfang schwer erkennen. Die Verabredung und die Taktik sind geheim. Erst wenn

die Kugeln rollen oder die Giftpfeile schwirren, sieht das Opfer das Kesseltreiben; dann ist es meistens zu spät.
Präsident von Walter in Schillers „Kabale und Liebe“ ist mit Luise Millerin als Braut seines Sohnes Ferdinand nicht einverstanden und verabredet sich mit Hofmarschall von Kalb zu einem Komplott gegen diese Mesalliance. Der Hofmarschall soll einen angeblich an ihn gerichteten, aber unter einem Vorwand erpreßten „Liebesbrief“ Luises so aus der Tasche verlieren, daß Ferdinand wahrnimmt, wer den Brief verliert. Auf diese Art soll Ferdinand von der Treulosigkeit seiner Geliebten überzeugt werden. Komplott und Billardstoß sind hier als klassische Kombination vereinigt.
Nicht immer sind Komplotte böse Machenschaften. Auch die Verabredung zwischen Olivia und Maria in „Was Ihr wollt“, Malvolio glauben zu machen, Olivia sei in ihn verliebt, ist ein Komplott, wenn auch nur als kleine, boshafte Neckerei.
Bei der stillen Übereinkunft, gegen jemanden vereint zu wirken, wird die Verabredung nicht ausdrücklich getroffen. Aber man entdeckt gemeinsame Interessen und paßt seine taktischen Ziele denen des Partners an. Dabei kann man sicher nicht so ausgefuchste Pläne verfolgen wie Hofmarschall und Präsident in „Kabale und Liebe“, die regelrecht vereinbart werden müssen. Die stille Übereinkunft ist mehr auf ein dauerhaftes Handeln gerichtet als auf eine einzelne Intrige. Man versteht sich, man durchschaut sich soweit, Eile ist nicht geboten, der eigene Part im Handlungsablauf ist fest vorgegeben. Folgt man Kissinger in seinen Memoiren, so war die Verabredung, den Außenminister Rogers (für Nixon ein Außenseiter aus dem verhaßten Establishment der Ostküste) weitgehend aus bestimm-

ten Problemkreisen auszuschalten, ihm Informationen vorzuenthalten, ihn abzublocken, sicher nicht ausdrücklich besprochen. Aber man verstand sich ausgezeichnet; Nixon konnte einen Unbequemen umgehen, und Kissinger mußte sich als Berater des Präsidenten nicht fortwährend mit Rogers abstimmen.

Loyalität ist eine leicht verletzbare Kostbarkeit in der Beziehung zweier Menschen. Diese ehrliche gegenseitige Haltung wird auf die Probe gestellt, wenn sich eine Gelegenheit bietet, an jemandem in der Kompetenzreihe vorbeizugehen oder einen „Bypass“ zu unternehmen. Der Vorwand, der dafür gesucht wird, ist oft recht einfach. „Ich wollte Sie nicht stören . . .“; „Sie waren gerade abwesend . . .“.

Auch der aufgesuchte Partner muß aufnahmebereit sein. Das ist sicher dann gegeben, wenn eine höhere Charge eine untere Charge unter Umgehung von Zuständigen aufsucht. Welche untere Charge könnte dieser Versuchung widerstehen? Aber umgekehrt von unten nach oben ist es natürlich schwieriger „zu landen“, man hat sorgfältig zu sondieren, ob man nicht doch abgewiesen wird. Ideal ist die dienstliche Abwesenheit des Vorgesetzten, da muß man ja weiter oben empfangen werden. Was dann anhebt, ist ein altes Spiel. Wenn beide Partner in diese Versuchung kommen, wird die Loyalität auf die Probe gestellt. Nach langem Vorfühlen scheint der Hebelpunkt erkennbar. Man läßt durchblicken, man läßt auf den Gedanken kommen, man stichelt ein wenig, man deutet Fehler des Abwesenden an, man erkennt gemeinsame Interessen.

Von den gemeinsamen Interessen ist der Weg nicht mehr weit, das „Opfer in die Mitte zu nehmen“, gemeinsam zu wirken, das Kesseltreiben zu beginnen. Aber nun ist nicht jedes Gespräch unter Ausschaltung

eines an sich Zuständigen bereits ein Komplott. Dazu muß Illoyalität gegen den Abwesenden mitschwingen, es müssen gemeinsame Interessen vorliegen, schließlich muß alles in ein stillschweigend koordiniertes, meist arglistiges Handeln übergehen. Dazu muß aber nichts ausdrücklich vereinbart werden, viele Komplotte dieser Art laufen ohne Verabredung.
So hat Graf Arnim, Botschafter in Paris, seinem Vorgesetzten Bismarck, sicher weinselig, gesagt: „In jedem Vordermanne in der Carrière sehe ich einen persönlichen Feind und behandle ihn dementsprechend. Nur darf er es nicht merken, solange er mein Vorgesetzter ist." Das hat sicher die Aufmerksamkeit von Bismarck auf die Bewegungen von Arnim noch verschärft, und Holstein, damals noch Bismarcks Vertrauter in Paris, hatte Arnim zu überwachen. Aber die Privatbriefe, die Arnim 1871 an den Kaiser aus Paris schrieb, um ihn für die Bourbonen als legitime Herrscher in Frankreich zu interessieren, teilte Wilhelm I. seinem Kanzler mit und gab diesem somit Gelegenheit, gegenzulenken. Nicht immer sind Vorgesetzte so gerade und ehrlich, manchmal paßt eine empfangene Information gut, und es läßt sich damit ein Plan verfolgen, der auf das Opfer gerichtet ist. Später hat Bismarck erfahren müssen, wie rasch eine Stellung durch den Bypass ausgehöhlt wird, wenn illoyale Vorgesetzte und illoyale Untergebene zusammengehen. Im dritten Buch seiner Gedanken und Erinnerungen schildert Bismarck die Affären, die Ende des Jahres 1889 und Anfang des Jahres 1890 seiner Entlassung vorausgingen. Bismarck muß seinem Protegé von Boetticher wirklich lange vertraut haben. Aber als Wilhelm II. unter den Untergebenen von Bismarck nach „kooperationsbereiten" Willfährigen suchte, fand er in dem von Bismarck zu seinem Vertreter geförderten Boetti-

cher ein gefügiges Werkzeug. Boetticher nahm im unmittelbaren Verkehr mit Wilhelm II. bereitwillig dessen Ideen auf und vertrat im Staatsministerium die Partei Wilhelms II., nicht die seines Chefs. Bismarck schreibt dazu: „*Die Versuchung, in welcher sich Herr von Boetticher befand, den Reiz der Neuheit, welchen die monarchischen Aufgaben für den Kaiser hatten, und meine vertrauensvolle Müdigkeit in Geschäften zum Nachtheile meiner Stellung auszubeuten, wurde, wie ich höre, durch weibliches Rangstreben und in Baden durch gelangweiltes Einflußbedürfnis gesteigert. Offiziöse Artikel, welche ich den wohlunterrichteten Federn meiner früheren Mitarbeiter zuschreibe, hoben als einen Anspruch Boetitchers auf meine Dankbarkeit hervor, daß derselbe im Januar und Februar 1890 bemüht gewesen sei, zwischen dem Kaiser und mir zu vermitteln und mich für die kaiserlichen Ansichten zu gewinnen. In dieser, wie ich glaube, inspirierten Darstellung liegt das volle Eingeständnis der Fälschung der Situation. Die Amtspflicht des Herrn von Boetticher war nicht, an der Unterwerfung eines erfahrenen Kanzlers unter dem Willen eines jugendlichen Kaisers zu arbeiten, sondern den Kanzler in seiner verantwortlichen Aufgabe bei dem Kaiser zu unterstützen. Hätte er sich an diese seine amtliche Aufgabe gehalten, so würde der auch innerhalb der Grenzen seiner natürlichen Befähigung geblieben sein, auf Grund deren er in seine Stellung berufen war. Seine Beziehungen zum Kaiser waren in meiner Abwesenheit intimer geworden als die meinigen, so daß er sich stark genug fühlte, meine, seines Vorgesetzten, amtliche und schriftliche Weisungen im Bewußtsein seines höheren Rückhalts unausgeführt zu lassen.*“

Auch wenn man Bismarcks Subjektivität eliminiert, bleibt die ganze Vorgeschichte seiner Entlassung ein musterhaftes Lehrstück für diese Analyse, denn sie kann heute in jedem Ministerium, in jedem Unternehmen, ja in jedem Sozialkörper so geschehen. Der geduldete Bypass kann der Wurzelfraß an der eigenen Machtposition eines „In-die-Mitte-Genommenen" sein. Daß Bismarck den Reiz unterschätzte, der von der Sonne eines jungen Monarchen auf seine Untergebenen ausging, ist neben seiner „vertrauensvollen Müdigkeit" nur auf seinen erstaunlichen Glauben in die loyale Dankbarkeit von Menschen zurückzuführen.

Es ist eine andere Spielart der Provokationsvariante des Billardstoßes, wenn man jemanden vorschiebt, um einen Plan zu verfolgen. Doch anders als beim tapferen Schneiderlein, das den einen Riesen reizt, damit dieser den anderen angreift, wird hier eine Person mehr oder weniger in den Plan eingeweiht. Der Intrigant bleibt in der Deckung, sein Komplott mit dem Vorgeschobenen ist schwer durchschaubar. Man stelle sich vor, jemand schulde einem Angriffsziel Loyalität, ein anderer aber nicht. Dann läßt sich mit diesem anderen der Angriff auf das Opfer ohne offensichtlichen Schaden an dem Loyalitätsverhältnis vortragen, und der Ränkeschmied selber wäscht seine Hände in Unschuld.

Es wirkt oft vernichtend, wenn ein Verbündeter mit seiner Kenntnis der Kalküle die Seite wechselt und alle Pläne der Gegenseite verrät. Dieser Judas-Verrat des Verbündeten verändert die Lage schlagartig, es ist, als ob man im Schachspiel eine wichtige Deckungsfigur verliert. Bis in der Szene das Gleichgewicht wiederhergestellt ist, wird der alte Gegner mit seinem neuen Verbündeten eine Reihe von taktischen Vorteilen erzielt haben. Das Umfallen oder In-den-Rücken-Fallen sind nur Varianten des Seitenwechsels.

So verhandelte Talleyrand bereits 1808 in Erfurt mit Zar Alexander, als Talleyrands Verhältnis zu Napo-

leon noch nicht getrübt war. Die Vertrauensgrundlage für alle späteren Beziehungen zwischen Alexander und Talleyrand wurden in Erfurt gelegt, hier begann der Seitenwechsel Talleyrands.
Eine Variante des Seitenwechsels ist das *Doppelspiel.* Nur wird hier der Verräter zum eigentlichen Akteur in der Szenerie, er hat ein anderes, ein drittes Kalkül als die beiden Seiten. Der Doppelspieler scheint beiden Seiten nützlich zu sein, holt aber für sich das Beste heraus. Der Doppelspieler wartet ab, welche Seite gewinnt, um sich im richtigen Augenblick auf die richtige Seite gestellt zu haben. Dabei setzt er alle Verstellungskünste ein, um sein Doppelspiel nicht durchschauen zu lassen. Irgendwann muß er aber Farbe bekennen, und von dem dann offensichtlich verratenen Verbündeten wird er sicher keine Waffenbrüderschaft mehr erwarten dürfen. Mit einer weniger aktiven Rolle gibt sich der Doppelspieler dann zufrieden, wenn er den Parteien nach dem Munde redet und sich erst im letzten Augenblick — wenn überhaupt — festlegt. Fouché hat wohl nicht bläßlich nach dem Mund geredet. Aber sein Doppelspiel hatte Napoleon erst richtig durchschaut, als es für den Korsen bereits zu spät war.

Intrigenketten

Man kennt nun die Strategeme Billardstoß, Achillesschuß und Komplott und ihre einzelnen Kunstgriffe. Diese mannigfaltigen Tricks und Kalküle ähneln sich; so hat man sicher erkannt, daß die Intrigen gegen Tuchatschewskij oder Fritsch einerseits als Verleumdung, andererseits aber auch als indirekter Florettstoß wie beim tapferen Schneiderlein oder bei Jago anzusehen sind. Die Vielschichtigkeit von Intrigen und das oft sehr feine Gespinst ihrer Anlage gestatten in der Regel keine groben Einteilungen. So kann man in diesen Fällen die Verleumdung in den Vordergrund der Analyse stellen, aber auch die Manipulation eines Dritten zum Angriff auf das Opfer. Wichtig ist nicht die akkurate Klassifizierung, sondern die so demonstrierte Zerlegbarkeit einzelner Bestandteile der Ränkespiele, dies ist für die Abwehr außerordentlich wichtig. Ganze Intrigen oder Intrigenketten bestehen in der Regel aus mehreren Folgen von hintereinander oder parallel geschalteten Tricks, deren Machart der Leser den vorherigen Kapiteln entnommen hat. Es sei daran erinnert, daß jeder unruhig leben würde, wenn er schon hinter jedem Kunstgriff, jeder Manipulation oder jeder Lüge, die das Leben bereithält, eine Intrige vermutet. Gewiß, Vorsicht ist geboten. Aber zur Intrige gehören noch ein böses Kalkül, Arglist und ein Schuß Illoyalität.

Die große Intrige ist aus einer Anzahl von intriganten Tricks zur Einheit verbunden. Das, was der Leser sonst nicht unterscheidet — ob ein oder mehrere Tricks hintereinander angewendet wurden —, ist für diese Analyse wichtig. Denn will man Intrigen abwehren, muß man ihre Bestandteile unterscheiden, um zum Kern der Taktik, dem angewandten Kunstgriff, vorzudringen. Sicher ist aber auch, daß nicht alle Intrigen aus Ketten bestehen, sondern manchmal ist es nur ein wirksamer Trick, der wie ein Florett das Herz des Opfers trifft. Der Intrigant aber, der ein Ziel verfolgt, dringt meistens mit einem intriganten Stoß nicht weit genug vor, und so verbindet er in mannigfaltigen Schleichwegen seinen Vorstoß zum Ziel. Was sich dem Opfer als Intrige darstellt, ist ein beliebiges Kompositum von Billardstoß, Achillesschuß und Komplott.

Hier entsinnt man sich sicher einiger dramatischer Intrigen aus der Theaterwelt. In „Kabale und Liebe“ beginnt die Kabale nach der Exposition des Konfliktstoffes mit einer Interessengemeinschaft (einem offenen Komplott) des Präsidenten von Walter mit dem Hofmarschall von Kalb, zu dem sich noch der Haussekretär des Präsidenten, Wurm, gesellt. Wurm verleitet Luise Millerin, die nichtebenbürtige Geliebte des Sohnes des Präsidenten, Ferdinand, einen Brief an den Henker ihres unter einem Vorwand eingesperrten Vaters zu schreiben. (Achillesschuß: In Ruhe wiegen lassen.) Der Inhalt ist so verfänglich abgefaßt, daß er, in die Hand Ferdinands gespielt, wie ein Liebesbrief an einen anderen Verehrer aufgefaßt werden kann. Diesen Brief allerdings soll der Hofmarschall als „süßes Billet“ von Luise aus der Tasche verlieren, wenn Ferdinand das sehen kann (Billardstoß: Ferdinand gegen Luise ausspielen), um so die Eifersucht von Ferdinand zu provozieren und Luise verhängnisvoll zu kompromittieren (Billardstoß: Verleumdung). Die Intrige soll die Mesalliance sprengen und Ferdinand in die Arme der Lady Milford führen (taktisches Ziel der Intrige). Die Folge der intriganten Tricks ist durch das Ziel miteinander zu einer Gesamtheit verkettet. Zwei Charaktereigenschaften haben die Intrige möglich gemacht. Das ist zum einen die Arglosigkeit Luises und zum anderen das trotz aller Treueschwüre Luises rasch zur Eifersucht aufwallende Mißtrauen Ferdinands.

Das ist der Ablauf einer einfachen Intrige mit Komplott und zwei Billardstößen. Tricks sind die einzelnen Schachzüge; sie sind die tragenden Bestandteile einer Schachpartie, einer Kette von intriganten Kunstgriffen, die die Intrige zwischen Konflikt und Ziel verbindet. Schiller hat in der Exposition dieser Tragödie die Charaktere beider Helden nicht analytisch dargestellt, jedenfalls nicht so, daß Argwohn oder Einfalt Eigenschaften von Ferdinand und Luise wären. Die Intriganten haben diese Disposition vorausgesetzt und danach gehandelt. Im wirklichen Leben freilich geht der Intrige eine sehr sorgfältige Analyse der für die Kabale einsetzbaren Charaktereigenschaften des Opfers voraus, um den intriganten Stoß gezielt plazieren zu können. Daher mißt der Ränkeschmied auch dem Sammeln von Nachrichten über sein Opfer sehr viel Bedeutung zu.

Ohne die Gedanken zum Kapitel „Die Erkennbarkeit der Intrige als Voraussetzung für ihre Abwehr" vorwegnehmen zu wollen, kann an dieser Kabale klar gezeigt werden, an welchen Anzeichen die Helden der Tragödie hätten erkennen können, daß sich ein Sturm gegen sie zusammenzieht.

Der Konfliktstoff:

Ferdinand und Luise kannten die Haltung seines Vaters gegen die Mesalliance, wußen aber

nichts von den geheimen Zielen seines Vaters.

Ferdinands Verbindung zur Lady Milford sollte nicht nur eine Gefälligkeit für den Fürsten sein; seine Favoritin zu legitimieren, sondern sie sollte seinen Vater schützen, ja unangreifbar machen, wenn seine Unterschleifen bekannt werden würden.

Luise in der Falle Wurms:

Luise glaubt zögernd, in der Zwangslage ihren Vater retten zu wollen, alles, was Wurm ihr sagt, und schreibt den Brief.

Heraufkommendes Mißtrauen unterdrückt sie.

Ferdinand als „Billardkugel" eingesetzt:

Ferdinand findet den Brief. Sein Argwohn auf Luise ist schnell erregt.

Die Kugel rollt wie berechnet, ohne daß Ferdinand die Manipulation erkennt.

Die schlauen Ränketricks, von zwei Halunken zu einer Kette verknüpft, zeigen den Opfern nur drei Symptome, und sie schauen darüber hinweg. Der Hintergrund bleibt verborgen, es sei denn, sie entschlössen sich, Konfliktstoff und Symptome in Einklang zu bringen.

Die dramatische Literatur besonders des 19. Jahrhunderts stellt immer wieder die dramatische Intrige als Kern der Handlung heraus. Bei seiner Rede anläßlich der Aufnahme in die Académie Française 1836 hat Eugene Scribe unter anderem die Perfektion der Intrige als das Erfolgsgeheimnis seiner Lustspiele dargestellt. Besonders Scribe hat es auch verstanden, die intriganten Charaktere so kennzeichnend zu verdichten, daß der Zuschauer ein Spiegelbild des Lebens sieht und seine eigenen Erfahrungen wiederzuerkennen meint. Diese verdichtete Form von in Wirklichkeit viel längeren und auch feineren Intrigenketten ist ein gutes Beispiel für die Anschaulichkeit dieser Analyse. Aus Scribes „Das Glas Wasser“ wird hier die Schlußphase mit den Erkenntnissen aus den vorherigen Kapiteln gedeutet.

Das Lustspiel behandelt die Konflikte am Hof der Königin Anna von England, die zwischen der Friedenspartei, vertreten von Lord Bolingbroke, und der Kriegspartei, vertreten von der Herzogin von Marlborough, vor dem Hintergrund der Endphase des Spanischen Erbfolgekrieges intrigant ausgetragen werden.

Bolingbrokes Ziel ist es, die Widersacherin kaltzustellen und dem Frieden eine Bahn zu brechen (taktisches Ziel). Bolingbroke hatte es schon verstanden, die Aufmerksamkeit der Königin gegen die Herzogin zu lenken, indem er auf den trostlosen Zustand Englands im Krieg hinwies. Als aber Bolingbroke andeutet, daß die Herzogin den Herzog lieber im Feld sieht, damit ein von der Königin favorisierter Gardeoffizier bei der Herzogin Zugang hat (Achillesschuß), zeigt sich die Königin betroffen. Bolingbroke bemerkt das innere Engagement der Königin zum Gardeoffizier Masham und beschließt, diese Blöße der Herzogin (Herzogin als Rivalin der Königin) zu nutzen. Bolingbroke wird durch geschicktes Sondieren von Abigail, der Vertrauten der Königin, bestätigt, daß sowohl die Königin als auch die Herzogin mit demselben Gardeoffizier kokettieren, den Abigail liebt (Information als Waffe, Komplott).

Zunächst will Bolingbroke von der Herzogin eine Einladung an den Marquis von Torcy, den Botschafter Ludwigs XIV., erzwingen. Er deutet Hinweise für die Herzogin an, die er geben könne: „. . . Sie haben eine Rivalin . . .", ohne freilich den hohen Rang oder den Namen der Königin zu verraten. Ein Zeichen für ein Rendezvous sei bereits ausgemacht. Die Herzogin läßt sich durch ihre Eifersucht unvorsichtig (Ausnutzung der Schwäche, Achillesschuß) in die Falle locken: Das Schlüsselwort für die Rendezvous-Aufforderung an den Gardeoffizier sei „Ein Glas Wasser". Die Falle zum gegenseitigen Ausspielen ist aufgebaut: Der Billardstoß ist ausgeführt, die Kugeln rollen. Zur Überraschung der Herzogin läßt nun die Königin ahnungslos das Stichwort fallen — ohne von Abigail über die Doppeldeutigkeit aufgeklärt worden zu sein. Der Schock, daß ausgerechnet die Königin ihre Rivalin ist, erfaßt die Herzogin, so daß sie alle Vorsicht der Königin gegenüber fallen läßt. Die Kugel läuft genau im berechneten Winkel, die Herzogin gerät völlig aus der Fassung, stellt sich bloß und fällt in Ungnade.

Doch die Herzogin gibt sich noch nicht geschlagen. Sie schickt Freunde vor (Vorschicken als Form des Komplotts), die die Königin unter Druck setzen sollen, die Entschuldigung anzunehmen. Schon wieder schwankend, fällt die Königin doch noch einmal auf den bereits von Abigail gewarnten Bolingbroke herein, der die Eifersucht der Königin auf die Herzogin wiederum listig schürt (zweiter Billardstoß). Selbst als die zurückgewiesene Herzogin es mit massiven Drohungen versucht (Achillesschuß) und die Whigs im Hintergrund drohend bereitstellt, nützt ihr kein Trick mehr: Bolingbroke wird Minister, Marlborough abberufen, Europa ist befriedet, „. . . und das alles dank einem Glas Wasser!".

Man kann an diesem Beispiel einer dramatischen Intrige besonders gut die verkettete Folge von Billardstoß, Achillesschuß und Komplott erkennen. Dieses Lustspiel ist bestes Anschauungsmaterial für das Prinzip Intrige, ja sogar für die Voraussetzungen einer zur Kabale neigenden Gesellschaft, deren Fülle an Konfliktstoffen zu einem inneren Druck führt, der sich bei einer gewissen Etikette — vor allem dem Tabu des offenen Angriffs — und mangels anderer, wichtiger Möglichkeiten nur intrigant entladen kann. (Siehe dazu an: „Die Intrige als Form des Konfliktlösungsverhaltens in der Gesellschaft.")

Der Intrigant

Aus welchem Holz ist der Mensch geschnitzt, der mit giftigen Pfeilen aus dem Hinterhalt schießt? Man stellt sich den großen Intriganten als Übeltäter vor, der heimlich dunkle Pläne verfolgt. Sein raffiniertes Kalkül kennt keine Skrupel. Aus seiner giftigen Feder fließen Verleumdungen und diffamierende Schmähungen. Gerissen manipuliert der Intrigant das Mittel zum Angriff auf sein Opfer. Der Ränkeschmied wiegelt doppelzüngig und ruchlos auch noch den letzten Freund des Opfers auf, sich innerlich loszusagen und an den Inszenierungen mitzuwirken. Am Ende des Kesseltreibens ist das edle Opfer in eigener Schuld verstrickt, und der böse Akteur, der aus seinem falschen Spiel hohen Gewinn erwartet, steht als Sieger da.

Äußerlich sieht der Intrigant sauber aus. Makellos scheint seine Weste, über seine Zunge fließen glatte Worte, Heuchelei ist sein Blendwerk. Neugierig lauscht der Ränkeschmied mit großen Ohren nach unverhofften Informationen. Seine Werkzeuge sind ganze Nachrichtennetze, die sicheres Wissen über vertrauliche Tatsachen verschaffen, aus denen sich ein treffliches Gift für Pfeile bereiten läßt. Schuldlose oder gedungene Mittler sind seine Helfer und Spitzel.

Vorwiegend scheint der Intrigant seine Ziele aus der taktischen Perspektive zu verfolgen. Strategische Pläne werden sorgfältig verborgen. Er empfindet es schon als bedenklich, überhaupt als Figurenbeweger, als Schachspieler erkannt zu werden. Alles, was er erkennen läßt, sind allenfalls Bauernzüge.

Der Intrigant im täglichen Leben erscheint jedoch anders. Nicht, daß er nicht die eine oder andere „klassische" intrigante Eigenschaft hätte. Wesentlich aber ist, daß er uns nicht als ein Bösewicht entgegentritt, sondern als ein ganz normaler Mensch. Unter diesen normalen Menschen hat man zwischen Gelegenheitsintriganten und Dauerintriganten zu unterscheiden.

Der Mensch, der sich in einem Konflikt gelegentlich eines Tricks bedient, um einen Widersacher hereinzulegen oder eine alte Rechnung zu begleichen, ist sicher häufiger anzutreffen. Dieser Mensch steht zuweilen am Scheideweg zwischen offener Auseinandersetzung, die er in der Regel bevorzugen würde, und dem verdeckten Angriff im Konflikt, der Intrige. Entscheidend für seine Wahl — und das ist besonders wichtig für das Verständnis dieser Analyse — ist nicht nur sein Kalkül, durch eine Intrige im Konflikt zu obsiegen, sondern auch seine gesellschaftliche Umwelt.

In „Die Intrige als Form des Konfliktlösungsverhaltens in der Gesellschaft" wird dargelegt, welche Voraussetzungen ein Sozialkörper aufweisen muß, wenn die Menschen sich in ihm zur Lösung der Konflikte bevorzugt der Kabale bedienen. Das bedeutet also, daß der normale Mensch durch bestimmte gesellschaftliche Einflüsse überhaupt erst in seinem Lebenskampf dazu *ge*führt, besser noch, dazu *ver*führt wird, zu intrigieren. Häufig wirken frühzeitig seine sittlichen Hemmungen dagegen, eine Kabale zu beginnen, und er läßt davon ab. Wenn der normale Mensch sich trotzdem dafür entscheidet, hat er sich überlegt, daß die Gefahr, entdeckt zu werden, gering ist und der erhoffte Erfolg das Risiko rechtfertigt.

Ist eine Gesellschaft jedoch intrigant durchsetzt, bedienen sich die Menschen häufiger der Kabale, so bleibt auch dem normalen Menschen kaum eine andere Wahl, als zu intrigieren, um seine eigenen Ziele durchzusetzen.

Es gibt jedoch auch Menschen, deren individuelle, moralische Hemmungen geringer sind, die skrupelloser vorgehen. In der Regel sind sie etwas feiger angelegt, und ihre sittlich nicht gesteuerte Intelligenz läßt sie Bedenken rasch überwinden. Nach dem Kalkül glauben sie, mit raffinierten Plänen größere Erfolge bequemer zu erzielen als mit dem offenen Konflikt. Sie sind keine der absolut bösen Helden vom Beginn dieses Kapitels, aber wenn sie einmal in einem Sozialkörper wirken, wird der ganze Organismus rasch davon angesteckt, denn die Leichtigkeit, mit der sie von der Kabale bei Konflikten Gebrauch machen, steigert die

Menge der Tricks und der Antitricks im ganzen System. Zahl und Boshaftigkeit führen zu Abwehrreaktionen, und so vervielfältigt sich die Wirkung. Mithin kann der Eintritt eines Menschen mit intriganten Neigungen in ein System, das bisher seine inneren Konflikte vorwiegend fair und friedlich ausgetragen hat, regelrecht vergiften.
Der Intrigant kann zwar ganz allein wirken, wenn er sich ausschließlich der Manipulation eines Trägers bedient, aber lieber versammelt er um sich Vasallen, die seine Fäden halten, ihm helfen und ihn schützen. Die Agglomerationskraft wird durch gemeinsame Interessen verstärkt. So bilden sich im Spiel der Kräfte regelrechte Cliquen, die, als vielarmige Hydra handelnd, gleichsam eine intrigante Persönlichkeit in der Form einer Gruppe darstellen, die sich mit einem umfangreichen Protektionssystem schützt. Im Konfliktkampf ist eine solche Gruppe von Parteigängern wirksamer als einzelne Intriganten, denn die Grundvoraussetzung, nämlich ein gut funktionierendes Informationsnetz, kann eine Clique wesentlich dichter ausbreiten. In einer solchen Gruppe rutscht die sittliche Haltung auf den kleinsten gemeinsamen Nenner ab. Hauptsache ist das Ziel, die Bedenken treten in den Hintergrund, denn die Mitglieder der Clique scheinen sie überwunden zu haben. Man ist sich einig und ist beruhigt, weil die anderen auch mitmachen; das ist das erwünschte Alibi, Skrupel vergessen zu können.
Es ist den Intriganten oft eigentümlich, daß sie sich einen dominierenden Einfluß auf Entscheidungsprozesse durch selektive Kommunikation von Information zu gewinnen suchen. Ihre Strategie ist es, sich durch geschicktes Taktieren Schlüsselstellungen zu verschaffen, um andere Personen, Gruppen oder ganze Systeme informationell abhängig zu machen und

den Informationsfluß selektiv zu lenken. Dabei wird der Zugang zu bestimmten Personen monopolisiert und gesteuert. Der Intrigant bestimmt, ob wahre, manipulierte oder unwahre Informationen durchgelassen werden. Es ist erstaunlich, wie in der Geschichte immer wieder diese „Spinne-im-Netz"-Stellungen möglich wurden und welchen weitreichenden Einfluß sich solche Spinnen zu verschaffen verstehen, ohne daß das Kalkül von vornherein durchschaut wird.
Das jüngste Beispiel in der Geschichte ist das alles beherrschende Vermittlungsverhältnis des Sicherheitsberaters des Präsidenten der Vereinigten Staaten zu seinen Kollegen. Er spricht den Präsidenten morgens zuerst, liest seine Post und teilt ihm alles Wissenswerte in Kürze mit. Abends ist er der letzte, der den Präsidenten noch einmal sieht. Es ist klar, daß solche Organisationsschaltungen Intrigen geradezu heraufbeschwören. Wie im Fall Hitler/Bormann ist es überraschend, wie lange dem Manipulierten und den Ausgesperrten unbewußt bleibt, daß ihre Freiheit zu handeln eingeschränkt oder aufgehoben ist. Erst spät, meist zu spät, wehrt sich das System und schafft mit einem Informationsbypass eine Gegenstrategie.
Etwa die gleiche Stellung wie Bormann zu Hitler hatte Stalin zu Lenin. In den letzten Lebensjahren Lenins hatte Stalin seine Macht in gleicher Stellung begründet und ausgebaut. Man kann in der Geschichte dieser „Grauen Eminenzen" von Holstein bis Richelieu zurückschauen — von Richelieu stammt jener Ausdruck, der heute jedem anhaftet, der seinen Wirkungsbereich vorwiegend in geschickt vernebelten Schlüsselstellungen sucht: l'Éminence grise!
Für das Abwehrkonzept gegen einzelne Intrigen oder gegen die Intrigenverseuchung von Sozialkörpern ist das Verständnis wichtig, wie ein normaler Mensch zur

Intrige geführt wird, wie er zum Intriganten wird. Oft ist es so, daß ihm seine gesellschaftliche Einbettung keine Wahl läßt. Die Ansteckung und das Mitschwimmen lassen Skrupel überwinden. Aber nicht nur das: Häufig ist ein Ziel nicht anders oder nur gefährlicher zu erreichen. Hier führt das Kalkül zur intriganten Tat. Da den normalen Menschen oft die Raffinesse fehlt, wie ein geübter Ränkeschmied vorgeht, wählen sie einfache Tricks. Die Verleumdung des Widersachers spielt dabei die Hauptrolle. Gelegentlich kommt sicher auch eine Tat aus der Anonymität heraus vor, weil man sich gegen die Rückstoßwirkung einer Intrige gefeit fühlt.

Daß es aber auch eine leichte Art des Intrigierens gibt, das eigenes legitimes Handeln im Konflikt als spielerische Kabale betrachtet, zeigte ein Fernsehinterview mit dem Dirigenten Karl Böhm (1979). Dieser über alle Zweifel erhabene, integre Grandseigneur der Musikwelt antwortete auf die Frage nach seinem Tageslauf sinngemäß, „daß er am Vormittag ein wenig intrigiere". Gemeint waren damit Gespräche über Besetzungen, aber auch der Austausch von Informationen über (abwesende) Personen, aber nicht „böse Verwicklungen" im eigentlichen Sinne der Intrige.

Eine Gruppe darf letzten Endes nicht vergessen werden. Das ist die Gruppe der Menschen, die trotz aller Konflikte, die sie durchzustehen haben, selten oder nie zum Intriganten werden, und deren Stärke ein stabilisierendes und beruhigendes Element in der Konfliktaustragung von Sozialkörpern sein kann. Diese Recken tragen ihre Konflikte meist offen aus, und manchmal, leider nur zu selten, bleiben sie die Sieger.

Das Opfer

Bisher wurde das Angriffsziel des Intriganten im wesentlichen „das Opfer" genannt. Diese Bezeichnung entspricht dem Sprachgebrauch, weil das Ziel eines bösen Angriffs die mitleidsvolle Umschreibung „Opfer" durchaus verdienen kann. Das Wort „Angriffsziel" ist neutraler, aber auch exakter. Das Objekt der Intrige hat sonst keine eigene Bezeichnung in unserer Sprache. Es ist interessant, daß sowohl die deutsche wie die englische und auch die französische Sprache keinen festen Begriff für das Opfer einer Intrige hat. Dabei ist das Opfer durchaus nicht immer das Unschuldslamm. Es hat vielleicht nur wegen einer Rankküne die Pfeile auf sich gezogen. Oder es ist das Opfer einer Antiintrige. In Scribes „Das Glas Wasser" wogt der Kampf zwischen den Gruppen hin und her, und beide Seiten sind in der Wahl der Mittel nicht zimperlich. Eine Intrige löst die andere ab. Kaum noch sind Intriganten und Opfer zu unterscheiden.
Der Begriff vom Opfer der Intrige wird in Leitbildern geprägt, die vom Leiden des Menschen her empfunden sind, von endlosem Verrat in der Geschichte und in den Bildern von Leben, die uns die Weltliteratur vermittelt hat. So war Henri d'Effiat, Marquis de Cinq-Mars, zuerst ein Günstling Richelieus, der als Mittelsmann zwischen der Sphinx seines Königs, Ludwig XIII., und der Eminenz eingesetzt werden sollte. Sein Gönner berechnete den Ablauf zuerst richtig und Cinq-Mars, bald auch in jungen Jahren im hohen Amt des Oberstallmeisters von Frankreich, erheiterte den König und vermittelte zwischen dem Premierminister und dem König. Bald aber wurde er zum Parteigänger der Widersacher Richelieus und zog den König auf deren Seite. Richelieu begann nun die Einkreisung von

Cinq-Mars; nachdem der König sich nicht weiter wagte an der Front gegen seinen eigenen Premier, verstrickte sich Cinq-Mars in Schuld, und das Netz zog sich zusammen. So mußten Cinq-Mars und sein Mitverschwörer Thou in Lyon das Haupt auf den Block legen. Alle Welt empfand das Unrecht, denn in Wahrheit war Ludwig XIII. der geheime Kopf der Verschwörung gegen seinen Premier, und Cinq-Mars war ein Opfer in den Netzen Richelieus geworden.

Wie in der Einleitung dargelegt, wird ein Angriff auf ein Opfer oft erst durch dessen besondere Eigenschaft oder festgelegte Haltung möglich. So wird diese Wesensart gleichsam zur dritten Person, die für den Ablauf der Intrige notwendig ist. In Shakespeares „Julius Caesar" legten die Verschwörer Caesar im Senat ein Bittgesuch vor, von dem man wußte, daß es Caesar ablehnen würde. Die Ablehnung — „doch ich bin standhaft wie des Nordens Stern" — war der Auftakt zum Mord an Caesar. Je tiefer die Senatoren vor ihm, um Gnade für Publius Cimber bittend, auf die Knie sanken, desto schroffer wurde Caesars Abweisung. Die Verschwörer kannten die Standhaftigkeit Caesars, seine festgelegte Grundhaltung. Gerade diese wurde zu ihrem Verbündeten, denn sie konnten aus ihr den akuten Vorwand für den Mord schaffen.

Ist es nicht die Standhaftigkeit eines Menschen, die sich zu seiner Manipulation eignet, so kann sein Ehrgefühl oder sein vielleicht übersteigertes Prestigebedürfnis zum Verbündeten des Intriganten werden. So mancher „Personalfall" in der Geschichte wurde dadurch gelöst, daß man den in Ungnade Gefallenen zwar nicht verbannte, aber ihm einen Posten anbot, von dem man wußte, daß er ihn ablehnen würde, weil für ihn die offenbare Rücksetzung nicht akzeptabel war, oder man mißachtete so bewußt seine Rechte,

daß die Brüskierung für ihn unerträglich werden mußte. Das Kalkül geht auf, der Mann tritt freiwillig und in Ehren ab, und der Akteur hat das Alibi, daß nicht er das Entlassungsschreiben ausfertigen mußte.
Bei Fouchés Entlassung aus dem Dienst Ludwigs XVIII. wurde Talleyrand vorgeschoben, das unangenehme Geschäft, seinen Verbündeten, den vielgehaßten und glatten Intriganten, zu erledigen. Talleyrand nahm einen eleganten Anlauf und schilderte Fouché auf einer Abendgesellschaft öffentlich die Vorzüge Nordamerikas. Nachdem Fouché diese Andeutungen nicht zu genügen schienen, bot man ihm den Platz eines Botschafters in Dresden an. Aber nein, der unendlich Flexible trat diesen drittrangigen Posten gegen alle Erwägungen doch an. So mußte also erst im Parlament eine Stimmung provoziert werden, damit er endgültig in die Verbannung geschickt werden konnte.
Richelieu nutzte das Majestätsgefühl Ludwigs XIII. geschickt aus, als er eine Aussprache der Führerin seiner Widersacher, der Königinmutter Maria, mit dem schwankenden König jäh unterbrach: Er erschien ungebeten durch eine versehentlich nicht abgeschlossene Tapetentür. Je tiefer er vor den beiden Majestäten auf den Boden sank, desto mehr steigerte sich die Wut von Maria Medice, die sich kurz vorher noch am Ziel ihrer Kabalen gegen den Kardinal sah. Maria geriet in Wut, sie wurde zur Furie, und das mußte die Würde des Königs verletzen. So sank Richelieu noch tiefer in den Staub, um ihr Temperament noch weiter anzustacheln. Er ließ Maria rasen und dadurch den König brüskieren. Das Opfer des Kardinals war die Königinmutter, und sein Verbündeter war ihre Raserei. Das geschah am 10. 11. 1630, und dieser Tag ist in die Geschichte als „jour des dupes“, als „der Tag der Geprellten“, eingegangen, weil die ganze Kabale gegen

Richelieu an diesem Tag um ihren Erfolg geprellt wurde. Ob es Ehrgeiz und Empfindlichkeit, Habsucht und Käuflichkeit, Gutgläubigkeit und Arglosigkeit, Gefallsucht und Reizbarkeit ist: die Analyse des Intriganten über sein Opfer zeigt ihm, welche der Eigenschaften geschickt so zu verwenden sind, daß sie zu seinem Verbündeten werden.
Unter den Angriffszielen des Intriganten gibt es starke und schwache Menschen, jene, die im Wind leicht schwanken, aber auch jene, die wie ein Fels in der Brandung stehen und bei denen sich Intriganten hüten, ausgerechnet sie zum Ziel ihrer Angriffe zu machen. Unter den starken Angriffszielen sind es aber gerade die Superaktiven, bei denen im Gefolge ihrer Arbeit eine große Menge Konfliktstoff entsteht, die zum intriganten Angriff reizt. Oft sind die Konflikte so zwingend und die offene Feldschlacht so wenig erfolgversprechend, daß sich die Kabalisten zu einer intriganten Auseinandersetzung mit einem starken Opfer entschließen müssen. Gegen solche starken Menschen werden daher regelmäßig Komplotte geschmiedet und Netze geworfen. Um sie in ihrer Schuld zu fangen, kann ein Einzelangriff keine Wirkung erzielen. Denn die Recken unter den Opfern haben Freunde, ja, sie haben in der Regel noch die Aura eines Charismas schützend um sich. Die Drahtzieher gegen einen solchen Siegfried müssen ihre Machenschaften listig und vorsichtig betreiben. Es gilt, so viel Kraft überzeugend überwinden zu können. Oft gelingt es ihnen im Rundschlag, ihrer Feinde wieder Herr zu werden und gegen die Intrige im offenen Kampf Oberhand zu gewinnen. Das ist das schöne Bild eines kraftvollen Menschen, eines Recken, von Giftpfeilen gespickt wie St. Sebastian, in seiner Schuld verstrickt und gefesselt, seinen Widersachern trotzend.

Unter den Angriffszielen der Intriganten gibt es aber auch Menschen, die ständig Pfeile auf sich ziehen. Ihr Handeln ist eckig, ihre manchmal verminderte soziale Intelligenz läßt sie keinen richtigen Kontakt zu Menschen ihrer Umwelt entwickeln, von der sie ausgeschlossen sind. Gemeint sind damit nicht etwa die Unglücksraben, sondern Menschen mit einem gleichsam negativen Charisma, die Unbeliebten; oft sind es Menschen, mit denen die Gemeinschaft böse Erfahrungen gemacht hat; oft sind es auch Intriganten, die im Kreuzfeuer von Gegenintrigen stehen, nachdem sie selbst intrigiert haben. Scharf abzugrenzen von diesen eigentlich „negativen" Opfern sind die Menschen mit außergewöhnlicher Aktivität. Ihre Geschäftigkeit beschert ihnen ständig Konfliktstoffe, die sich auch intrigant gegen sie entladen können. Im Kapitel über die Abwehr der Intrige ist dargelegt, daß sich diese Superaktiven nur dann behaupten können, wenn eine Schar von Freunden die Flanken sichert.
Dem Toren jedoch lacht in der Intrige kein Glück. Er hat weder seine Konfliktsituation analysiert noch Erfahrungen aus früheren Verwicklungen gezogen. Der Tor sieht den Frieden an der Oberfläche des trüben Wassers und sieht die Krokodile nicht, die sich darin tummeln. Der ewig Dumme, aber auch nur der Schwache, der sich zu keiner rettenden, seine Existenz sichernden Tat entschließen kann, ist der Pechvogel der Intrige; aber auch der Tölpel und der unbegreifliche Dulder gehören zu dieser Gruppe. Sie alle müssen ihre Rettung durch verläßliche Freunde suchen, die ihnen helfen, die Konflikte durchzustehen.

Die Intrigen zwischen Gruppen

Ambitionierte Pläne und heiße Konfliktstoffe in Sozialkörpern fördern die Koalitionsbildung. Um die Träger der Pläne wie um die Gegensätze sammeln sich Freunde, Vasallen, Protegés, Komplizen und Kumpane. Das ist die Verbindung durch die Agglomerationskraft von Konflikten, denn im Konflikt sucht der Mensch nach Verbündeten. Es kann aber auch sein, daß eine Gruppe als Institution des Sozialkörpers besteht und diese Pläne entwickelt, die dann zu Konfliktstoffen führen. In diese Analyse werden beide Möglichkeiten einbezogen. Aber man muß bei der Betrachtung der in der Intrige handelnden Gruppe sehr wohl unterscheiden, ob die Gruppe im Sozialkörper eine feste Einrichtung ist, oder ob es sich um eine Koalition handelt. Es ist für diese Überlegung weniger bedeutend, ob die soziologischen Voraussetzungen der Gruppe durch Ziel- und Rollenbewußtsein vorliegen. Interessant ist, wie die Gruppe die typischen Aktionsarten der Intrige anwendet, ob als Intrigant oder als Opfer.

Unter institutioneller Gruppe wird hier der Teil einer Organisation verstanden, eine Abteilung, ein Ministerium, eine Partei oder auch ein Teil einer Familie. Immer stehen diese Gruppen im Konflikt zu anderen Gruppen. Rivalität steht im Vordergrund der Konfliktstoffe. Die Wahlmöglichkeit zwischen den beiden Konfliktlösungsmöglichkeiten — offen oder verdeckt — ist genauso gegeben wie für den individuell agierenden Intriganten.

Es ist sicher nicht so, daß ein ganzes Ministerium *bewußt* intrigiert. Die einzelnen Glieder können aber von Akteuren so geschaltet werden, daß sich das Ministerium als Ganzes intrigant verhält. Die sich bildende handlungsfähige Gruppe kann z. B. das Ministerium auf Informationsvorenthaltung für bestimmte Informationsempfänger schalten. Die Gruppe kann die Anweisungen an die Glieder so gestalten, daß die Glieder nicht wirklich wissen, in welchem Zusammenhang sie handeln, und doch können die Glieder alle Strategeme anwenden, sei es den Billardstoß oder den Achillesschuß. Da werden Fehler hochgespielt, da wird ernst genommen, und es weden Kompetenzrivalen gegeneinander ausgespielt. Die vielarmige Hydra des Ministeriums wird von einer Gruppe geschaltet, die durch Ziel- und Rollenbewußtsein handlungsfähig geworden ist. Eine Strategie zeigt die großräumigen Ziele auf, und so werden auch die Konfliktstoffe mit Gruppenfeinden offenbar. Das Reichssicherheitshauptamt der SS (RSHA) war der Kompetenzrivale der Abwehr des Oberkommandos der Wehrmacht (OKW). Das RSHA — und sicher auch vice versa die Abwehr — suchte so lange Schwachstellen bei der Abwehr, bis man sie fand. Dann griff das RSHA die einzelnen Glieder an, um das ganze rivalisierende System zu schwächen oder kaltzustellen. Es ist nicht so, daß diese Form der Kompetenzrivalität zusätzliche Kontrolle schafft. Sie schafft nur zusätzliche Reibungsflächen; das ist das beste Mittel, die in rivalisierenden Institutionen arbeitenden Menschen von ihren eigentlichen Aufgaben abzuhalten, sie unwirksam zu machen.

Bei der Koalition, die sich dann und wann zu einer agierenden Gruppe formiert, ist die Ausgangslage anders. Verschiedene Menschen oder Gruppen haben in Teilaspekten deckungsgleiche Interessen im Konflikt. Die neue Koalition kann sich dann über die Bildung eines Ziel- und Rollenbewußtseins zu einer handlungsfähigen Gruppe weiterentwickeln. Hier gilt dann das, was zur Gruppe gesagt wurde. Es kann aber

auch so sein, daß die Koalition locker bleibt und sich nur zu einer im wesentlichen aufeinander abgestimmten Taktik entschließt. Der Unterschied zur Gruppe ist dann das Fehlen einer Gruppenideologie und einer einheitlichen Strategie sowie Mangel an geschlossenem Handeln. Immerhin sind solche Koalitionen sehr wirksam. Im Kapitel „Das Opfer" ist dargestellt, wie Philipp Orléans, der Bruder Ludwigs XIV., in den Verdacht geriet, seine Hand im Spiel gehabt zu haben, als drei Dauphins kurz aufeinander starben. Die Koalition um den Duc de Maines und die Marquise de Maintenon hat nichts unterlassen, diesen Verdacht zu schüren und wach zu erhalten. Klar ist das Konzept erkennbar, den rivalisierenden Widersacher auszuschalten. Die Interessengemeinschaft hat sich gut verstanden, und Philipp Orléans kam fast in die Bastille.
In der Ausführung der Taktik für die Konfliktlösung sind beide Konstellationen nahezu gleich.
In diesem Kapitel werden die Varianten der Konfliktauseinandersetzung zwischen Gruppen, also einer gruppendynamischen Willensbildung zwischen widerstreitenden Interessen, nicht betrachtet. Dies bleibt dem Abschnitt „Die Intrige als Form des Konfliktlösungsverhaltens in der Gesellschaft" vorbehalten. Auf eine typische Form der verdeckten Auseinandersetzung zwischen Gruppen sei hier aber dennoch kurz hingewiesen: nämlich die Diplomatie. Sie ist eine gängige Form in der Konfliktauseinandersetzung zwischen Gruppen. Sondierer, Botschafter und Abgesandte, die vorfühlen sollen; Drohungen, Noten, vertrauliche Gespräche, Andeutungen über Kompromißbereitschaft sind ihre geläufigen Mittel (siehe hierzu „Diplomatie und Intrige").
Gruppen nutzen alle intriganten Tricks: Von der Verleumdung über das gegenseitige Ausspielen, die Falle

bis zu den gängigen Mitteln regelrechter bürokratischer Kriegführung wird die gesamte Palette der Kunstgriffe angewandt. Es ist aus der experimentellen und praktischen Soziologie bekannt, daß Gruppen zu einem höheren Risiko bereit sind als einzelne Personen. Dies mag ein Grund sein, daß Gruppen in der Wahl der Ränketricks skrupelloser und rigoroser als Einzelgänger vorgehen. Ein oder mehrere Anführer lenken die Gruppen und verteilen die Aufgaben. Und wehe, wenn die gegnerische Gruppe schwach ist oder der Führer der Organisation, der beiden miteinander kämpfenden Gruppen vorsteht, das aufreibende Spiel nicht bemerkt. Die „Opfergruppe“ wird dann ohne befreundete Gruppe und ohne den Schutz des Führers des Gesamtsystems nach allen Regeln der Kunst an die Wand gespielt. Die verderbliche, ja oft lähmende Wirkung für den Sozialkörper ist verhängnisvoll und provoziert einen ewigen Kreislauf: „Übles, das fortwährend Übles gebärt . . .“

Die Erkennbarkeit der Intrige als Voraussetzung für ihre Abwehr

Der Intrigant tarnt seine Handlungen, um sich vor der Rückstoßwirkung einer Kabale zu schützen. Mögliche Tarnungsmittel hat der Leser bereits in den ersten Kapiteln kennengelernt. Es sind der Vorwand und die versteckte Manipulation eines Mediums zum Angriff auf ein Opfer. Trotzdem müssen aber nicht alle Symptome der Aktionen der Ränkeschmiede dem Opfer vollkommen verborgen bleiben. „Torpedos“ ziehen manche verräterischen Blasenbahnen. In den Übersichten zu den drei hauptsächlichen Strategemen wurde dargelegt, ob der Kunstgriff vor der Vollendung der Intrige erkennbar sein kann. Welche Kennzeichen eines versteckten Planes offenbaren dem Opfer, daß etwas Böses im Gange sein kann, um seine Aufmerksamkeit zu erregen?

Im Leben dringen auf den Menschen die verschiedensten Wahrnehmungen von Aktivitäten anderer Menschen ein, die man stets in einem Zusammenhang zu deuten suchen sollte. Das eigene Wachsystem müßte rechtzeitig auf Alarm schalten, wenn etwas geschieht, was gegen die eigenen Ziele gerichtet ist. Die Zusammenschau aller Phänomene möglicher gegnerischer Handlungen ergibt ein ständig wechselndes Bild, das oft gleich einem Vexierbild falsch gedeutet wird. Viele Eindrücke stechen besonders hervor — aber nicht immer sind es jene, die aufziehendes Unheil verraten.

Intrigen gehen von Konfliktgegnern aus, also hat man auf außergewöhnliche Erscheinungen gerade bei diesen Menschen zu achten. Hierdurch ergibt sich zwangsläufig eine Einschränkung der Beobachtungspunkte. Da man aber die von den Intriganten eingesetzten Figuren mitunter nicht im Zusammenhang mit den Konfliktgegnern sieht, hat jedwedes Beobachtungssystem Schwächen, derer man immer gegenwärtig sein muß.

Plötzlich verändern sich freundliche Gesichter in lächelnde Masken, Freunde ziehen Hände zurück, gute Bekannte übersehen den Gruß, oder Gespräche verstummen rasch, tritt man hinzu. Es kann aber auch so sein, daß alles unverändert erscheint, und doch werden dem Opfer plötzlich Fragen gestellt oder Andeutungen gemacht, die manchmal schon die ersten Anzeichen der Intrige erkennen lassen.

Nach dem Tod Stalins war Berija von allen der Gefürchtetste. Man glaubte, er bereite einen Staatsstreich vor. Robert Payne gibt in seiner Stalin-Biographie (nach einem Bericht des Italieners Eugenio Reale) die Schilderung Chruschtschews wieder:

„... Schließlich kamen wir auf die Idee, Berija glauben zu machen, daß wir diesem unmöglichen Zustand ein Ende zu setzen gedachten und daß unserer Meinung nach er als Stalins engster und loyalster Mitarbeiter der einzige Mann wäre, der die Zügel der Regierung ergreifen könnte und ergreifen sollte; um das Land und die Revolution zu retten, wäre es unerläßlich, zu Stalins Absolutismus zurückzukehren und dem Land den einzigen Nachfolger zu geben, der fähig wäre, Stalins gigantisches Unternehmen weiterzuführen. Das war ungefähr die Linie, die wir in unseren Telefongesprächen und Privatbriefen verfolgten, da wir wußten, daß die Telefongespräche abgehört und die Briefe vor ihrer Zustellung gelesen wurden; auch hielten wir die Verbindung untereinander durch Mittelsmänner aufrecht, von denen es bekannt war, daß sie unter Bewachung standen.

Schließlich schickten wir Woroschilow als unseren Sprecher zu Berija, um ihm vorzuschlagen, daß er sowohl als Premierminister wie als Parteisekretär die Stelle unseres großen Stalin einnehmen sollte. Berija hörte sich alles an, richtete einige Fragen an Woroschilow und ersuchte ihn schließlich, eine gemeinsame Sitzung des Präsidiums und des Parteisekretariats einzuberufen, bei der er auftreten und unseren Vorschlag diskutieren würde. Am nächsten Tag erschien er, von seiner gewohnten Leibgarde umgeben, die ihn bis zur Tür des Sitzungszimmers begleitete, im Kreml ...“

Die Sitzung endete mit der Ermordung Berijas. Das Mordkomplott begann mit einer intriganten Falle. Der Ehrgeiz Berijas ließ ihn glauben, was die Genossen ihm vorgaukelten. Trotzdem: Er hätte es merken können, daß ihn plötzlich Widersacher ganz friedlich in ihre Pläne einbezogen; die Änderung der Haltung

war zu überraschend, er hätte nach Motiven forschen müssen; die ungewöhnliche Zusammensetzung der Sitzung hätte seinen Argwohn wecken müssen. Erkennbar waren für Berija nur jähe Abweichungen vom gewohnten Bild seiner potentiellen Gegner und eine durch das Parteisekretariat erweiterte Sitzung des Präsidiums. Aber wie so oft in der Geschichte wurde auch hier das Opfer unvorsichtig, als es sich am Ziel seiner Wünsche sah. Hier manipulierten die Genossen also den Ehrgeiz Berijas und machten ihn dadurch unvorsichtig.
Michael Voslensky weist in „Nomenklatura" darauf hin, daß sich die Kreml-Oligarchie immer nur auf einen Schwachen und Alten als ihren Führer einigen kann. (Hier sei die Bemerkung erlaubt, daß diese Art der Führungsselektion nicht nur auf die Sowjetunion beschränkt ist. Das war schon bei der Wahl des Dogen Venedigs so, und auch andere Sozialkörper wollen die Macht der Spitzen kontrollierbar halten.) Aber Berija hätte wissen müssen, daß er, so verstanden, kein attraktiver Kandidat für die Nachfolge Stalins war. Die freundlichen Avancen der Genossen hätte er daher als Falle erkennen können.
Beim Billardstoß setzt der Intrigant ein Medium ein. Handelt das Medium nach dem intriganten Kalkül, so sind — wie die bisherigen Beispiele zeigen — zunächst nicht ohne weiteres Zusammenhänge zwischen Medium und Intriganten erkennbar. Das gilt besonders bei der Kabale aus der Anonymität heraus. Die Entlarvung des Intriganten ist in diesem Fall nur möglich, wenn sich nach der Frage „cui bono?" eine Spur aufzeigt, die mit anderen Symptomen nach der sogenannten Koordinatenmethode auf den Schützen aus dem Hinterhalt zeigt. In der Koordinatenmethode werden Erscheinungen, die die Aktivitäten eines bekannten

oder unbekannten Täters hinterlassen, gegenübergestellt und die Häufigkeit der Koinzidenzen untersucht. Beispiele sind zahlreichere Zusammenkünfte eines neuen Konfliktgegners mit einem alten Konfliktgegner, gleichzeitiges Auftauchen von gleichen vorwurfsvollen Argumenten bei beiden Gegnern und Interessenkongruenz. Der Koinzidenzen gibt es aber noch viele mehr. Je häufiger die Kombinationen in einem Koordinatenpunkt zusammentreffen, desto größer ist die Wahrscheinlichkeit, daß dort „etwas läuft". Ein gutes Wachsystem nach der Koordinatenmethode kann also manchen Ärger rechtzeitig vermeiden.

In anderen Fällen des Billardstoßes — lassen wir den Freund des Opfers als Informationsquelle außer Betracht — zeigt der Lauf der Kugel oder die Häufigkeit der indirekten Stöße auf den Intriganten — aber auch dies nicht immer: Denken wir z. B. an die vertrauliche Information, denn der Informationsempfänger wird die Information über das Opfer stillschweigend nutzen, und der Informant wahrt in der Regel sein Gesicht und ist weiter freundlich zum Opfer. Besonders bei der offenen Denunziation ist es in der Regel dann zu spät, wenn das Opfer den Vorgang bemerkt. Nur beim offenen Gebrauch von Diffamierungsvokabeln und bei der Belastung mit geheuchelter Beteuerung — den Spezialfällen des Billardstoßes — erkennt man die Ränketricks von vornherein.

Völlig anders liegt die Erfaßbarkeit der intriganten Handlungen beim Achillesschuß. Man identifiziert das Ziel der Handlungen sehr bald, wenn der Intrigant eine Beschwerde aufgreift und hochspielt. In der Regel hat man die Intrige dann bereits durchschaut. Aber auch beim Achillesschuß lauern auf das Opfer nur schwer erkennbare Gefahren, besonders bei der Falle, sei es die von Scarpia in „Tosca" oder Hamlets „Mausefalle". Der Intrigant tarnt sich kaum, aber er schiebt einen Vorwand in den Vordergrund, so z. B. beim Auflaufenlassen oder bei der Beschwerde. Nicht einmal bei der Falle tarnt sich der Intrigant, er redet dem Opfer noch gut zu.

Das intrigante Komplott ist immer getarnt. Das Opfer muß versuchen, die Interessenkongruenz und daher die Vasallen der Konfliktgegner zu erkennen. Ungewöhnliche Avancen und freundliche Gesten aus diesem Kreis sollten zur Vorsicht mahnen.

Nur das systematische An-jemandem-Vorbeigehen (oder auch Bypass genannt) ist in der Regel verräterisch. Häufige Begegnungen, neue Vorbehalte von Untergebenen oder Vorgesetzten, Hartnäckigkeit und plötzliches Übereinstimmen der Argumentation sind Alarmzeichen. Beim Seitenwechsel ist die Lage ähnlich. Beim Doppelspiel setzt der Intrigant alle Kunst in die Tarnung und ist nur nach längerem Zeitverlauf zu durchschauen.

Man sieht, daß besonders aus plötzlichen Veränderungen Schlüsse zu ziehen sind. Die Spitzen vom Eisberg lassen sich manchmal nur schemenhaft erkennen. Es gehört große Erfahrung dazu, aus den ersten Erscheinungen richtige Schlüsse zu ziehen. Für das Verständnis des Kapitels „Die Abwehr der Intrige" ist die Wertung ungewisser Informationen aus den äußeren Erscheinungen der Intrige von großer Wichtigkeit.

Die Abwehr der Intrige

„Das kunstvolle Gleichgewicht, in dem ein Mensch lebt, ist manchmal nichts anderes als das angehaltene Moment vor seinem unvermeidlichen Sturz", schreibt

Dieter Wellershoff in „Die Schönheit der Schimpansen“. Und das kleine Moment, das das Gleichgewicht endgültig zerstört, kann eine Intrige sein. Der Mensch im Konflikt mit anderen Menschen ist daher gut beraten, stets auf der Hut zu sein.

- Voraussetzungen der Abwehr

Da die Intrige nicht ohne weiteres vorher bekannt und ihr Prinzip die Heimlichkeit des Angriffs ist, analysiert der wachsame Mensch ständig seine Konfliktsituation, um die intriganten Angriffe aus einem Gesamtüberblick vorausbestimmen zu können.

— Mit welchen Menschen habe ich überhaupt Konflikte?
— Welcher Natur sind diese Konflikte?
— Wie ist das typische Konfliktlösungsverhalten dieser Menschen: offen oder intrigant?
— Welches sind die Parteigänger des Konfliktgegners?
— Wer ist und bleibt neutral?
— Wen halte ich für einen sicheren Freund?
— Wie kann ich den Zeitpunkt der Konfliktaustragung steuern?
— Was kann ich selbst zum Ausgleich der Konflikte beitragen?

Wer ein solches Szenario seiner Konfliktlage aufgestellt hat und dabei drei oder vier aktuelle Konfliktmöglichkeiten herausfindet, kann davon ausgehen, daß er in einer seine Kräfte nicht zu stark beanspruchenden Situation steht. Diese Erkenntnis ergibt sich nach der natürlichen Kontrollspanne eines Menschen, der wie beim Schach gleichzeitig drei oder vier Beobachtungspunkte unterhalten kann, ohne sich dabei zu verzetteln. Entscheidend kommt es dem Opfer dabei

darauf an, daß nicht alle Konflikte gleichzeitig zur Lösung drängen oder unkontrolliert ausbrechen.
Geht aber die Zahl der Konflikte über die genannte Grenze hinaus, so versucht der wachsame Mensch diese Lage radikal zu bereinigen. Denn wer in einer solchen Situation lebt, ist schon wegen seiner Verzettelung leicht verwundbar, es sei denn, die Stärke seiner Persönlichkeit oder die Zahl der Freunde und Vasallen gestattet ihm eine gewagtere Strategie.
Das gleiche gilt für solche Konfliktsituationen, die bereits durch ihre Konstellation den Keim des Verderbens in sich tragen. Solche „Selbstmordschaltungen" — z. B. zwei Erzrivalen, in der Kompetenz rivalisierend, parallel geschaltet (Vance/Brzezinski!) — werden im Abschnitt über das Konfliktlösungsverhalten in der Gesellschaft noch näher behandelt.

● Generelle Konfliktstoffe für Intrigen

Welche der vielfältigen Konfliktstoffe können in der Regel zu intriganten Lösungen führen?
Das sind hauptsächlich:
Rivalität in
- Kompetenz
- Karriere
- Macht
- Vordermann — Rivale
- Parallel geordneter Rivale
- Nachgeordneter Rivale

Unterschiedliche Ziele
Mißgunst und Neid
Rankünе
Erkannte intrigante Pläne des Gegners
Antipathie

Dazu einzelne typische Fälle:
- Tendenz des Gegners zum
  Wasserabgraben
  Kaltstellen
  Fäden-aus-der-Hand-Nehmen
  Knüppel-zwischen-die-Beine-Werfen
  Bypass
  An-die-Wand-Spielen
  Ausmanövrieren
- Quertreiberei, Hintertreiberei, Abblockerei
- Verbreitung schlechter Presse
- Erkannter Aufwiegler

Diese Konfliktstoffe führen oft zu Intrigen. Ihr Erscheinen im Konflikt-Szenario verlangt höchste Wachsamkeit für die Tätigkeit der erkannten Konfliktgegner. Wie der Intrigant sein Nachrichtensystem einsetzt, um die Voraussetzungen für seinen Angriff zweckmäßig aufzubauen, wird das Opfer „Gefechtsaufklärung" betreiben, um den intriganten Schlag rechtzeitig zu erkennen und die eigentliche Abwehr planen zu können. Hierbei achtet das Opfer besonders auf die eigenen weichen Stellen, auf die möglichen Ziele von Achillesschüssen. Denn dort ist die Abwehr schwieriger, weil der Gegner mit dem Alibi operiert, den Fehler beanstanden zu müssen, und sein Vorwand a priori schwer zu demaskieren ist. Wie der Leser weiß, tarnt der Gegner hier nur die Absicht, aber nicht seine eigentliche Handlung. Die „Panzerung" der Weichstellen durch Freunde oder auch rechtzeitige Bekenntnisse an berufene Stellen sind wichtige Hilfsmittel.

Der Bedrängte wird der ungeschminkten Analyse seiner Situation die höchste Aufmerksamkeit widmen. Die sorgfältige Erkenntnis der Strategeme Billardstoß, Achillesschuß und Komplott hat ihm gezeigt, daß nicht gegen alle Tricks ein Kraut gewachsen ist, zumal einzelne Florettstiche aus dem Hinterhalt kommen können und zur rechtzeitigen Abwehr oft zu spät erkannt werden. Hier sind Vorsorge und Panzerung durch Freunde die besten Verteidigungsmittel. Auf der anderen Seite wird der tätige Mensch der Intrige nicht entgehen können. Das Leben verläuft weder nach den Regeln von König Artus' Tafelrunde noch so konfliktfrei wie auf Robinsons Insel.

● Die Rolle des Freundes in der Abwehr

Hier ist der Augenblick gekommen, in dem die Rolle des oft zitierten Freundes in der Konfliktsituation genauer bedacht werden kann. Bei den einzelnen Abwehrmaßnahmen wird diese nur noch dann behandelt, wenn der Freund selbst die Abwehraktion ausführen muß. Zur sprachlichen Vereinfachung ist unter Freund im folgenden derjenige Mitmensch zu verstehen, der sich als Freund gibt. In Wirklichkeit sind Freunde im Konflikt oft nur Vasallen, die durch Interessenüberlagerungen an einen gebunden sind. Unter Freund verstehe man also auch die ganze sprachliche Breite des Begriffes wie Bundesgenossen, Parteigänger, Cliquen- Mitglieder, Komplizen, Kamarilla-Angehörige oder Mit-Interessenten. Der Sprachgebrauch für derlei „Freunde" kennt zum Beispiel Klüngel, Satelliten, Zunft und neuerdings Kanalarbeiter — der letzte Begriff bezeichnet eine Hilfstruppe von Verbündeten, die im wesentlichen im Halbdunklen „Basisarbeit" leisten.
Man kann in einem Gesellschaftssystem, in dem Intrigen ablaufen, die Rolle solcher Freunde mit den Neutronenfängern in einem Kernreaktor vergleichen. Die

Neutronen sind die intriganten Schüsse, die zu Kettenreaktionen führen, wenn sie nicht aufgefangen werden. Ohne dieses Auffangen durch bremsende Freunde entschließen sich noch viel mehr Konfliktgegner oder gegnerische Vasallen, sich an der Intrige zu beteiligen. Saint-Simon beschreibt die Lage am Hof Ludwigs XIV., als der dritte Dauphin gestorben war und nun doch der nicht favorisierte Duc d'Orléans, Neffe des Königs, später, nach dem Tod des Königs, mit einer Regentschaft betraut werden sollte. Sorgfältig wurde von den Gegnern Orléans' das Gerücht aufrechterhalten, Gift von Orléans sei beim Tode des Dauphins im Spiele gewesen. Orléans, unbeliebt schon immer, war von allen Bundesgenossen verlassen, und keiner stellte sich ihm zur Seite oder vor ihn. Wenn man Saint-Simon glaubt, war er selbst der einzige Freund, der dem zögernden König zur Besonnenheit riet. Die Kettenreaktion wurde so gebremst und Orléans vor Schlimmerem bewahrt.
Der Freund fängt die Giftpfeile, die Neutronen, auf und verhindert eine Kettenreaktion. Das Fehlen von Vasallen in der intriganten Auseinandersetzung muß zu schweren Nachteilen in der Abwehr führen, die Gegenwart von vielen Freunden läßt intrigante Schüsse abprallen, sie entmutigt sogar den Intriganten. Um das Opfer mit seinen Bundesgenossen bildet sich im Idealfall ein Schutzwall, der der Wirkung eines Charismas gleichkommt. Daher beugt der Mensch am besten der intriganten Konfliktaustragung vor, wenn er sich mit Freunden oder wenigstens Bundesgenossen umgibt. Die Regel ist, je schwerer und zahlreicher die Konfliktstoffe sind, desto mehr Freunde sind notwendig, um sich behaupten zu können. So beschreibt Michael Voslensky in „Nomenklatura", daß aufstrebende ZK-Mitglieder der UdSSR sich mit einer Hilfs-

truppe von Vasallen umgeben müssen, um den Rivalitätskampf durchstehen zu können. Aufstieg oder Behauptung ohne Hilfstruppe ist in keinem konfliktdurchsetzten Sozialkörper möglich, es sei denn, man hat eine Machtposition, die Freunde überflüssig macht. Für diese mächtigen Allzumächtigen sei jedoch die Bemerkung erlaubt, daß ihre Ideen und Pläne auch Träger brauchen, damit sie Geltung finden. Macht allein bahnt Ideen und Plänen noch keine beständige Bahn.
Nützlich sind diese Gedanken nicht nur für Hofmarschälle und Minister, sondern in besonderem Maße für Feldmarschälle, Diplomaten, Niederlassungsleiter und Residenten fern der Zentrale. Bei ihnen ist der heimatliche Freundesanteil oft erfolgsbestimmend für ihre Aufgabe. Der Pflege und Sicherung der Freunde kommen daher für diese Menschen besondere Bedeutung zu, weil sie weniger oder kaum der Fehlinterpretation ihrer Informationen durch redundante Information vorbeugen können. Zentrale Freunde brauchen aber Information, um argumentieren zu können. Wer fern der Zentrale diese einfache Regel vergißt und sich vielleicht darauf verläßt, daß die Freunde auch so weiter wirken, kann böse Überraschungen erleben: „Alles fließt" — also auch Freundschaften fließen dahin. Die Pflege solcher Verbindungen ist daher in dieser Lage besonders wichtig. Sonst läuft das Opfer Gefahr zu scheitern, da es die Schachpartie blind spielen müßte, ohne zu wissen, wo die gegnerischen Figuren stehen.
Es ist klar, einzusehen, daß die Vielzahl der Freunde zu nichts nütze ist, wenn auf sie kein Verlaß ist. Jede weiche Stelle im Gruppensystem der Freunde ist eine potentielle Angriffsstelle, durch die der Gegner einbrechen kann. Der kluge Mann prüft daher nicht nur ganz allgemein die Verläßlichkeit seines Bündnis-

systems, sondern auch ständig die Interessenlage. Generell sind daher nur Freunde mit wirklich kongruenten Interessen sicher und zuverlässig, Beteuerungen können sich letzten Endes als Heuchelei erweisen, wenn es schon zu spät ist — „Trau schau wem"! Aber damit soll nicht der wirklich getreue, oft bedingungslose Freund vergessen sein, der eigene Interessen zurückstellt, um seinem Freund aus der Patsche zu helfen. Dieser Freund fängt nicht nur auf und informiert rechtzeitig, sondern er reflektiert die eigenen Fehler, spricht mit dem Opfer die Lage durch und gibt ihm die Gewißheit, nicht verlassen zu sein. Der Freund verdient daher auch die Verschwiegenheit, die für einen vertraulichen Informationsaustausch unerläßlich ist. Aufrichtige, kluge Freunde nehmen lieber eigenen Schaden hin, als ihren Partner als Informationsquelle preiszugeben. Wer dieses eiserne Gesetz verletzt, steht schließlich ohne Freunde da. Letzten Endes will man seinen Freunden das Schicksal ersparen, das Schiller dem Marquis Posa, dem Freund des Don Carlos, zugedacht hat: Posa wird erschossen.

Nutzanwendung aus dieser Darstellung der Rolle des Freundes in der Kabale können auch diejenigen ziehen, die von außen einem Sozialsystem als Führer oder als Mitglied aufgepfropft werden. Sie tragen das negative Charisma „unbeliebt" auf der Stirn; freundlos sind sie dem neuen System, das sich zur Abwehr rüstet, nur mit schwachen Machtmitteln ausgeliefert. Generäle in Stäben, Nachfolger von beliebten Königen, Vizepräsidenten von Nachrichtendiensten, neue Pfarrer in Gemeinden und unwillkommene Außenseiter als neue Firmenchefs haben diese bitteren Erfahrungen gemacht: Verstehen sie es nicht, Freunde im System zu erwerben, so ist die Keimzelle zum Mißerfolg bereits gelegt. Diejenigen, die solche potentiellen Opfer einem System aufpfropfen, sollten wissen, daß das Abwehrsystem eines komplexen Sozialkörpers selten überlistet werden kann und daß der beste Rat immer der ist, zunächst einmal Vertrauen und Freunde zu erwerben. Droht der Fremdling diese Sachlage nicht zu verstehen, so sieht der Entscheidungsträger von seiner Investitur schließlich besser ab, da sonst mit den natürlich aufziehenden Konflikten der gesamte Sozialkörper mit Intrigen vergiftet werden kann — und das gilt um so mehr, je komplexer das Sozialsystem ist.

• Die generellen Abwehrmaßnahmen gegen Intrigen

Das Leben vergibt keine Schwächen. Der Mensch im Kreuzfeuer eines von mehreren Seiten vorgetragenen intriganten Angriffs muß stark sein, um den Kampf durchzustehen. Schwäche an Entschlossenheit, im Freundeskreis, in der besonnenen Umsicht oder im Informationssystem können verhängnisvoll sein. Aber auch die Empfindlichkeit einer Mimosa, die hinter jedem kleinen Trick Kabale wittert, ja, manchmal in paranoide Verfolgungsfurcht übergeht, ist von Übel.
Von den allgemeinen Regeln der Abwehr ist eine besonders wichtige hervorzuheben: Die Erkennung eines intriganten Angriffs stellt das Opfer vor die Wahl, sich zu wehren . . . oder auch nicht. Der überraschte Leser möge bedenken, daß der Gegner mit der sofortigen „Annahme des Gefechts" Zeit und Konfliktstoff bestimmt. Das kann aber von Nachteil für das Opfer sein. Deswegen zieht es manchmal das kluge Ziel eines Angriffs vor, einen Bauern oder gar einen Offizier zu opfern, eine Beule hinzunehmen, nur um sich nicht die Initiative am falschen Platz aufzwingen zu lassen.

Ob das Gefecht anzunehmen und die Lage durchzuschlagen ist, bestimmt die Frage, ob aus der Abwehr ein Vorteil erwachsen kann oder die eigene Schlappe unvermeidlich ist, und ob nicht das Abwarten einer günstigeren Gelegenheit erfolgversprechender wäre. In einer allgemein konfliktgeladenen Situation können vielleicht günstigere Gelegenheiten helfen, die Lage zu klären.
Das kluge Angriffsziel einer Intrige hält es in der intriganten Auseinandersetzung oft für viel zweckmäßiger, abzuwarten, damit der Gegner einen Fehler macht, der sich dann entscheidend günstiger als Weichstelle für einen Gegenangriff eignet. Es liegt ein Überraschungseffekt für den Gegner darin, ihn mit Friedfertigkeit zu verblüffen. Gerade das Kalkül des Gegners, für sich einen Vorteil zu erhaschen, muß vorsichtig und besonnen machen.
Ein vielleicht nur kleiner Vorteil ist beim „Auflaufenlassen" zumindest dann erzielbar, wenn das Opfer seine Friedfertigkeit vor Dritten demonstriert und es ihm dazu noch gelingt, den intriganten Charakter des Angriffs herauszustellen. Das Opfer stellt vor dem Publikum gegen das Prinzip Intrige das Prinzip Friedfertigkeit und trägt das Prinzip Duldsamkeit zur Schau. Manchmal ist ein Mensch eher zu einer offeneren Auseinandersetzung über unvermeidbare Konflikte zu bewegen, wenn man ihm gut zuredet, von den Tricks abzulassen. Eine solche friedliche Reaktion kann im Effekt sogar noch durch freundliche Aktionen zugunsten des Intriganten gesteigert werden, indem man ihn beschämt. Man kann dabei regelrechte Kippeffekte beobachten, nach denen erbitterte Feinde Waffenruhe schließen. Zu diesen friedfertigen Taktiken gehören auch das dilatorische Reagieren, das Zeitgewinnen, das Ausweichen, das einfache Schweigen und Darüberhin-

weggehen, wie zum Beispiel in asiatischen Kulturen. Wenn diese passiven Maßnahmen auch nicht entspannend wirken, so darf das Opfer vielleicht erwarten, daß sie zermürben und verunsichern.

Muß aber das Gefecht angenommen werden, so sucht sich das Opfer verschiedene Strategeme der Gegenwehr. Entscheidend ist die detaillierte Kenntnis des gegnerischen Angriffs, zusammengesetzt aus

— eigentlichem Konfliktstoff
— erkannten Angriffssymptomen
— erkannten Kunstgriffen (Vorwände, Manipulationen etc.).

Das Angriffsziel wird sich Klarheit verschaffen, wie der Gegner seinen Angriff getarnt hat, und versucht das Konzept zu durchschauen. Nicht alle Aktionen des Intriganten werden dem Opfer bekannt. Daher ist es unerläßlich, sich auf Überraschungen einzustellen und ihnen durch sorgfältige Aufklärung vorzubeugen, wobei sich das Opfer immer wieder in Erinnerung rufen sollte, daß die Erkenntnisse über den gegnerischen Angriff lückenhaft sein können. Das lebenserfahrene Opfer kann aber oft schon aus dem Konfliktstoff und einem Angriffssymptom Schlüsse auf das gesamte Angriffskonzept ziehen, wenn es die gegensätzlichen Nachrichten zu einem wahrscheinlichen Bild verarbeitet. Dabei ist der erfahrene Angegriffene vor gelegten Fehlspuren und bewußten Desinformationen auf der Hut.

Ein Abwehrkonzept des Opfers beruht auf einer Annahme über das gegnerische Verhalten, die aus verschiedenen, teils widersprüchlichen Informationen gewonnen wurde. Im Laufe der Abwehr dringen neue Informationen auf das Opfer ein. Die aktuelle Nachricht hat oft größere Eindruckskraft als die bereits im Plan verarbeiteten. So ist es natürlich, daß man schwankend wird. Das führt so weit, daß man dem Eindruck des Augenblicks mit eher flüchtigen Überlegungen das gute, lang gehegte Konzept opfert und damit alles durcheinanderbringt.

Das ist der sicherste Weg, die eigenen Freunde zu verwirren, die doch oft einen wichtigen Part spielen. Deshalb ist es wesentlich, dem vereinbarten Konzept treu zu bleiben und nur davon abzuweichen, wenn es unerläßlich ist und die eigenen Reihen geordnet bleiben. (Siehe dazu im übrigen Clausewitz „Über die Befolgung gegebener Grundsätze in der Schlacht".)

Das Abwehrkonzept hat sich vor der Wahl dieser Maßnahmen zu einer Gesamtstrategie zu entscheiden, die das Ziel der Abwehr plant. Will der Angegriffene

- im eigentlichen Konflikt nur bestehen;
- zusätzlich noch durch besondere Gegenmaßnahmen vor weiteren intriganten Angriffen abschrekken
- oder den Gegner ausschalten, also ihm die Möglichkeit nehmen, weiterhin gegen ihn zu intrigieren?

Wer die Angriffsstrategeme studiert hat, weiß, daß man manchen Trick nicht sofort erkennen kann. Diese Schwierigkeit macht es notwendig, die Abwehr schon beim erkannten Konflikt aufzubauen und zu unterscheiden nach

- Abwehr- und Gegenschlägen, die auf den vollendeten Angriff folgen;
- vorbeugender Abwehr, die den Angriff unterläuft; insbesondere auf Überraschungseffekt zielende Maßnahmen sind erfolgversprechend.

Hat sich das Opfer zum Gegenschlag entschlossen, so führt es diesen sicher nicht zaghaft aus, weil es nicht nur obsiegen, sondern auch abschrecken muß: Denn es ist gut, wenn Zuschauer bemerken, daß man sich mit diesem Opfer besser nicht anlegt. Falsch wäre es, im Fall des Sieges laut „Victoria“ zu blasen und den Gegner damit zu ewiger Rankün̈e zu führen.

Es liegt klar auf der Hand, daß das Opfer in jedem Fall der Vorbeugung den Vorzug einräumt, da der Gegenschlag mit Risiken verbunden ist. Die vorbeugende Abwehr mit Überraschungen geht von den Gedanken aus, die Dürrenmatt seinen „Physikern“ zugrunde gelegt hat:

„Je planmäßiger die Menschen vorgehen, desto wirksamer mag sie der Zufall zu treffen.“

„Planmäßig vorgehende Menschen wollen ein bestimmtes Ziel erreichen. Der Zufall trifft sie dann am schlimmsten, wenn sie durch ihn das Gegenteil ihres Ziels erreichen: das, was sie befürchteten, was sie zu vermeiden suchten . . .“

Der Zufall ist es oft, der die Pläne des Intriganten durchkreuzt. Ein lässiges Wort seines Komplizen, von einem Freund des Opfers zufällig aufgefangen, kann das ganze Intrigenspiel durchsichtig machen und entscheidende Informationen für die Abwehr liefern.

Der Intrigant hat einen Plan, den es aufzudecken gilt, und folgen wir Dürrenmatt, so trifft ihn eine Überraschung, das Durchkreuzen seines ausgefuchsten Planes, am wirksamsten. Die Überraschung wird auch als entscheidendes Moment in die Kalküle des Angreifers eingebaut worden sein. Um so schlimmer für den Angreifer, wenn er nun selbst überrascht wird. Die Überraschung stiftet Verwirrung, denn der Eindruck neuer Nachrichten ist oft stärker als die Reihe schon verarbeiteter älterer Informationen, zu denen sie oft im Widerspruch stehen. Ein überraschender Auftritt durch eine versehentlich nicht geschlossene Tapetentür (Richelieu am „Tag der Geprellten“), ein Rückzieher oder eine geschickt plazierte Indiskretion kann den Angreifer durcheinanderbringen.

Diesen allgemeinen Regeln der Abwehr sei noch eine friedliche Maßnahme zugefügt. Es ist die liebevolle, aber auch fesselnde Umarmung des Gegners. Das bedeutet, ihn in anderen Fragen zum Verbündeten zu machen, ihn dort auch Vorteile aus dem Bündnis ziehen zu lassen und ihm klarzumachen, daß er das alles verliert, wenn er an den essentiellen Konfliktstoff herangeht. Vor allem unwesentliche Konfliktstoffe räumt man so aus und setzt sich wegen dieser minderen Probleme nicht der Gefahr eines intriganten Angriffs aus; die Risiken intriganter Angriffe sind oft größer als der mögliche Gewinn der Abwehrsiege.

• Die Abwehrmaßnahmen gegen Intrigen im einzelnen

Billardstoß

Gegen Intrigen als Ganzes ohne Analyse ihrer Bestandteile anzurennen, kann keinen Erfolg haben.
Aus dem Kapitel „Intrigenketten" ist bekannt, daß das, was wir allgemein im täglichen Leben als „Intrige" bezeichnen, in der Regel aus einzelnen Kunstgriffen der Strategeme „Billardstoß", „Achillesschuß" und „Komplott" zusammengesetzt ist. Um die Aufmerksamkeit auf diesen Umstand zu lenken, wurde die Verkettung der Tricks immer wieder herausgestellt und die Intrige als „Intrigenkette" bezeichnet.
Die Abwehr gegen die Intrigenkette im einzelnen bestimmt sich nach ihren Bestandteilen: Ob „Billardstoß", „Achillesschuß" und „Komplott" — sie erfordern spezifische Maßnahmen.
Bei der Verleumdung zieht es das Opfer in der Regel vor, eher durch die Tat als durch Worte der üblen

Nachrede entgegenzuwirken. Das beste ist sicher, wenn jedermann sieht, daß die behauptete negative Eigenschaft überhaupt nicht vorhanden sein kann. Wer dazu viele Worte einsetzen will, sollte immer an Oscar Wildes Spruch denken: „Wenn man über etwas spricht, wird es existent." Eine Klage gegen Verleumder sollte die allerletzte Aktion sein, wenn alle anderen Maßnahmen nichts nutzen, denn gerade die öffentliche Auseinandersetzung ist das Ziel des Intriganten. Der Freund warnt das Opfer vor den Verleumdungen und stellt vorsichtig im Sozialsystem die Informationen richtig. Für die anonyme Verleumdung gilt grundsätzlich das gleiche. Ihre Wirkung auf ehrenhafte Menschen kann durch den Hinweis auf die Anonymität und die zweifelhaften Ziele schnell beeinträchtigt werden. Gegen regelrechte Verleumdungskampagnen können nur Bundesgenossen helfen. Man kann den Verleumdern keinen größeren Gefallen tun, als zu versuchen, sie alle gleichsam im Rundschlag zu treffen. Wirksamer sind hier vielmehr die wirklichen Freunde, die in erster Linie die niederträchtigen Ziele der Verleumder herausstellen, um damit die Angriffsspitze abzubiegen.

Die Denunziation hat das Ziel, durch Information über wissenswerte Tatsachen Interessenten zur Aktion gegen das Opfer zu bewegen. Bei jeder Form, offen, verdeckt oder anonym, kommt es daher darauf an, den Interessenten unsicher zu machen, ob die Information überhaupt verwertbar ist. Das approbate Mittel ist in der Regel das Dementi, das aber nach Möglichkeit ohne Lüge abgefaßt wird. Diplomaten und Pressesprecher wenden dabei den Kunstgriff an, etwas zu dementieren, das gar nicht behauptet worden ist.

Beispiel: *Tatsache* — Die Regierung ist in sich völlig zerstritten.

Dementi – Die Regierung diskutiert konstruktiv alternative Strategien.
oder: *Tatsache* – Ein Kriegsschiff liegt vor dem Ölhafen in Warteposition.
Dementi – Von der Anwesenheit einer Flotte ist nichts bekannt.
Wird beim Dementi gelogen (Watergate, Spiegel-Affäre), so kann das böse Folgen haben, denn zu der angegriffenen Blöße fügt man mit der Lüge nun noch einen weiteren Fehler. Besser ist es, wenn kein gutes Dementi verfügbar ist, lieber ganz darauf zu verzichten. Dann sind Desinformation, das Legen von Fehlspuren, Informationen über angebliche Ziele des Opfers und der Einsatz von Freunden bessere Mittel. Hier ist auch der Ansatzpunkt für den Kunstgriff zu sehen, der alles bagatellisiert und herunterspielt. Das Gegenteil wird durch die Beschwerde bei höherer Instanz erreicht. Dieses „kick up" ist das sicherste Mittel, zu verhindern, daß eine Affäre noch friedlich beigelegt werden könnte.
Der Freund stellt bei der simplen Denunziation vor allem die Fadenscheinigkeit der edlen Motive des Intriganten heraus. Bei der vertraulichen oder verdeckten Denunziation ist er der ideale „Partner" des Intriganten, wenn er der Informationsempfänger ist, denn er kann mit dem Opfer sofort Gegenmaßnahmen beraten. Hört er von Dritten, was der Intrigant verbreitet, so kann er die eigentlichen Beweggründe des Intriganten in den Vordergrund rücken und vor allem durch Bagatellisieren auffangen und das Opfer informieren. Bei der anonymen Denunziation kennt man den Täter nicht, aber seine Anonymität läßt sich als so verworfen hervorheben, daß an der Glaubwürdigkeit seiner Information zu zweifeln ist.
Den intriganten Einsatz von Diffamierungsvokabeln – dem Spezialfall eines Bündels von Pfeilchen mit

Verleumdung oder Denunziation – kann das Opfer nicht durch Worte oder gar diffamierende Gegenreden mit gleicher Münze heimzahlen. Zu schweigen und als Edelknabe zu erscheinen ist dann viel wirksamer.

Gegen das Einen-gegen-den-anderen-Ausspielen ist eine Abwehr sehr viel schwieriger. Der Leser weiß, daß der Intrigant hier nicht nur seine Absicht, sondern auch die Manipulation getarnt hat. Vorbeugend ist eine Reihe von Maßnahmen zweckvoll. Dazu gehört, daß man Konfliktgegnern wenig Einblick in eigene Verhaltensmuster oder Präferenzen geben sollte, denn diese gerade sind es, die der Intrigant zur Manipulation verwendet. Wie bei der zugeschobenen Entscheidung ist es gut, Vorschläge von Konfliktgegnern nach dem Prinzip „Trau schau wem!“ auch auf die Folgen hin zu prüfen.

Bei der Belastung mit Beteuerung, einer besonderen Mischung von Denunziation, Verleumdung und Heuchelei, schweigt das Opfer besser, wie bei der Verleumdung. Der Freund kann die Heuchelei leichter herausstellen und damit die intrigante Aktion an ihrer verwundbarsten Stelle treffen.

Achillesschuß

Beim „In-Ruhe-wiegen-Lassen“ spekuliert der Intrigant mit einer manipulierbaren Eigenschaft des Opfers, die er geschickt ausnutzt. Wer in einem Konflikt vom Konfliktgegner Versprechungen annimmt und sich wie Tosca nicht vergewissert, ob Scarpia überhaupt ein Interesse daran haben kann, den Geliebten nicht erschießen zu lassen, handelt einfältig. Daher ist das „Trau schau wem!“ immer auf die vermutliche Interessenlage dessen zu richten, der einen einlullen will. Wer sich zum Schein einläßt, kann dem Gegner außerordentliche Überraschungen bereiten. Mangels anderer, wirklich schlagender Abwehrmaßnahmen ist daher das Hören der warnenden Stimme des Freundes ausschlaggebend. Sie zu überhören wäre verhängnisvoll.

Beim Fehlerhochspielen tritt der Intrigant wenigstens soweit aus der Deckung hervor, daß die Blöße, auf die er hindeutet, auch als Fehler verstanden wird. Aber gerade das ist der schwache Punkt seines Angriffs. Hat das Opfer mit seinen Bundesgenossen seine Konfliktsituation mit dem Intriganten bereits vorsorglich analysiert, so durchschaut es den Vorwand und zögert nicht, im Falle des Hochspielens eines Fehlers die Fakten herauszustellen, die dem wirklichen Fehler zugrunde liegen. Wirksam ist es auch, den Vorwand zu demaskieren und über das wahre Motiv des Intriganten ins Gespräch zu kommen. Das Herunterspielen unterstützt die Abwehr, kann aber ins Gegenteil umschlagen, wenn der Fehler des Opfers zu eindeutig ist. Der Freund fängt die Beschwerde auf und informiert. Da er von dem „Fehltritt“ selbst nicht belastet ist, wird er der ideale Partner, um wirkliche Fehler zu bagatellisieren, dazu kann er die Aufbauschung durch den Intriganten wirksam herausstellen.

Unmöglich ist die Abwehr dann, wenn weder ein Vasall noch das Opfer selbst am Ort der Intrige ist. Man spürt nur die Auswirkungen: fertige Urteile, gefestigte Vorurteile, schnelle Entscheidungen, lang erwartete Entscheidungen, undurchsichtiges Gemunkel. Hier kann man nur bedauern, daß man vergessen hat, an der meist fernen oder unzugänglichen Stelle einen Bundesgenossen aufzubauen. Der Mensch im Konflikt soll immer gewärtig sein, daß der Gegner darauf lau-

ert, beim Opfer einen wirklich gravierenden Fehler zu entdecken. Man muß sich darüber im klaren sein, daß einem dieser Fehler nicht unterlaufen darf. Geschieht dieser grobe Schnitzer doch, so stößt der Konfliktgegner ohne Zögern zu und obsiegt mit großer Sicherheit. Gegen das Entscheidungzuschieben gibt es neben dem vorbeugenden „Trau schau wem!“ nur die kühle Abwägung, die Option anzunehmen oder nicht. Manchmal kann man aber auch einfach ausweichen und das Angebot übersehen. Die Analyse der Folgen der Entscheidung wird dabei den Ausschlag geben.
Die Abwehr des Auflaufenlassens ist im Grunde nur prophylaktisch möglich. Hat man aber schon den Fehler gemacht, in Schlüsselstellungen illoyale Partner einzusetzen, die sich eine Wonne daraus machen, den Chef die Folgen seiner Entscheidungen spüren zu lassen, ist es für die Vorsorge bereits zu spät. Wenn man aber seine Gruppe mit vereinbarten Zielen führt, ist jeder in der Schlüsselstellung für die Erreichung seines Teilziels selbst verantwortlich. „Auflaufenlassen“ kann diesen Menschen dann nicht in den Sinn kommen. Daher ist der beste Schutz gegen diesen Trick die Delegation der Verantwortung. In Teilbereichen wird das manchmal nicht möglich sein. Dort nützen nur das vorsorgliche „Trau schau wem!“ und das Hören auf eine warnende Stimme.
Wie gegen das Auflaufenlassen ist auch gegen das Fallestellen kein wirklich durchschlagendes Mittel zu finden. Es muß schon ein hochkarätiger Intrigant sein, der vernichtende Fallen stellt, aber man muß immer damit rechnen. Die allgemeine Konfliktsituation mit einem Gegner macht ein Opfer schon vorsichtig, die Lockrufe zu untersuchen und die Gegend nach Fallen abzutasten. Auch hier ist das „Trau schau wem!“ besonders wichtig, Warnungen dürfen nicht überhört werden.

Schließlich nutzt der Intrigant beim Entscheidungenverschleppen eine Schwäche des Opfers aus, sich wenig oder gar nicht wehren zu können. Das Opfer sitzt in einer Entscheidungsfalle. Da Gegenschläge aus der Schwäche heraus schwer zu führen sind, kann man nur durch helfende Hände die Verschleppung offen herausstellen und sie so als Blöße nutzen.

Komplott

Gegen die offene Übereinkunft, vereint gegen jemanden zu wirken, gibt es im wesentlichen zwei verschiedene Abwehransätze: das Aufbrechen des Komplotts mit taktischen Mitteln oder den Gegenangriff. Dem Komplott liegt zumeist eine kongruente Interessenlage zugrunde. Wenn das Opfer die Bündnisstärke eines gefährlichen Komplotts kalkulieren kann, daß zum Beispiel ein Vasall des Intriganten sich in seinen Interessen in irgendeiner Form beeinflussen lassen könnte (Drohungen, in einer anderen Sache zu schaden, Vorteile in einer anderen Sache), sollte das Opfer nicht zögern. Komplotte wirken wie Zangen für das Opfer und sind daher je nach dem Konfliktstoff gefährlich. Schwächen in der Entschlossenheit zur Abwehr und in der Umsicht wirken sich verheerend aus. Im Gegenangriff sind die Kompromittierung des Komplotts und die regelrechte Gegenaktion zu unterscheiden. Lassen sich die Ziele des Komplotts genügend überblicken und kann aus den angewandten Tricks oder den Zielen der Intriganten ausreichend Makel destilliert werden, so müssen diese Tatsachen bloßgestellt werden. Oft hilft aber nichts anderes, als Freunde und Vasallen um sich zu scharen und auf den groben Klotz einen groben Keil zu schlagen.

Man beachte bitte an dieser Stelle besonders den verderblichen Einfluß eines intriganten Komplotts auf eine Gesellschaft. Aus dem Kapitel über das Komplott als Strategem der Intrige ist bereits bekannt, mit welch hoher Agglomerationskraft konfliktreiche Situationen bei kongruenten Interessenlagen auf Intriganten wirken. Führt daher das Komplott zum Gegenkomplott, so wird die Atmosphäre im Sozialsystem vergiftet. Intrigante Konfliktentladung und Rankűne sind dann an der Tagesordnung.
Für die stille Übereinkunft, vereint gegen ein Opfer zu wirken, gelten im wesentlichen die gleichen Abwehrregeln wie für die offene Übereinkunft. Nur ist diese Form in der Regel erst viel später an ihren Wirkungen zu erkennen. Daher werden alle Anstrengungen darauf konzentriert, die Interessenlage zu verändern. Bei der stillen Übereinkunft hat der Partner des Intriganten den Vorwand, daß er keine Absprache getroffen hat. Sofern dem Ziel des Angriffs das *stillschweigende* Zusammengehen überhaupt bekannt wird, muß es daher immer den Partner sein Gesicht wahren lassen und nicht darüber reden, um ihn nicht festzulegen und ihn nicht zur offenen Solidarisierung mit dem Intriganten zu treiben. Wenn überhaupt jemand eine Chance hat, das stille Zusammengehen zu entdecken, dann ist es der Freund, der natürlich sofort informiert. Ist sich das Opfer sicher, daß die Übereinkunft wirklich geheim ist, wird es diese unter keinen Umständen offenlegen, es sei denn, günstige Wirkungen sind dadurch möglich, die Interessenlage kann nicht verändert werden und der stille Partner ist fest an den Intriganten gebunden.
Unter den Komplotten ist der Bypass eine häufige Form. Die Abwehr muß unter zwei Gesichtspunkten gesehen werden. Am Beginn wird der Bypass sicher

nur von einer Seite versucht. Die Abwehr dieses einseitigen Bypasses kann am besten unter dem Gesichtspunkt „Wehret den Anfängen!“ angepackt werden. Dabei sind selbstverständlich alle rein informellen Kommunikationen als belanglos auszuschließen, aber auch die loyale Wahrnehmung von berechtigten Interessen. Wenn aber Arglist und Informationsvorenthaltung mit ins Spiel kommen, beginnt der Bypass. Es wird vor allem nach dem Motiv geforscht, warum der Bypass erstrebt wird, denn das Motiv zum Bypass ist entscheidend: Will der Intrigant sich beim nächsthöheren Vorgesetzten nur interessant machen, oder will er wie im Fall des Grafen Arnim andere Ziele verfolgen als der unmittelbare Vorgesetzte? Das ärgste Ziel wäre dann das Kaltstellen oder gar das Ausbooten. Das Opfer wird vor allem nicht zögern, Loyalität zu fordern und auf sein Recht zu pochen, eingeschaltet zu sein. Vorsicht ist geboten, wenn man bereits an anderen Symptomen erkannt hat, daß die eigene Aufgabenerfüllung nicht gerade die wirksamste ist. In diesem Fall provoziert man durch das Pochen auf Rechte die Frage der eigenen Daseinsberechtigung. Das gilt besonders dann, wenn eine Rivalität schon aus der Aufgabenstellung heraus gegeben ist (Kissinger/Rogers). Aber sonst bekämpft das Opfer nachdrücklich jeden Anfang des Bypasses, jeder späte Versuch ist in der Regel schon zu spät.

Beim Trick, jemanden vorzuschieben, wird das Opfer – wenn es überhaupt den Angriff durchschaut – möglichst wenig gegen den Vorgeschobenen selbst unternehmen, da er nur ein Medium des eigentlichen Akteurs ist. Die Aufmerksamkeit des Angegriffenen wird sich also mehr dem Ziel des Intriganten widmen und nicht der Aktion seiner Beauftragten. Fouché konnte herzlich wenig gegen Talleyrand unternehmen, als

dieser ihn im Auftrag Ludwigs XVIII. abschieben sollte. Manchmal ist die Tarnung des Drahtziehers im Hintergrund so perfekt, daß das Opfer nur die Mimen auf der Bühne sieht und in den Auseinandersetzungen mit ihnen nicht zum Kern der Intrige vordringt. Hier liegt die Hauptaufgabe des Freundes, das Opfer aus den sinnlosen Vordergrundkämpfen zu lösen und sich mit der Analyse und Abwehr der Strategie des Hintergrundakteurs zu befassen.
Wenn ein Verbündeter die Seite offen wechselt und in die Arme eines früheren gemeinsamen Gegners überläuft, wird der so Verratene sofort die eigene Taktik ändern. Die Bundesgenossen warnen das Opfer und stellen bei passenden Gelegenheiten den Verrat so wirksam heraus, wie der Verratende es selbst nicht könnte. Ähnlich ist das beim Doppelspiel, zu dem auch das heimliche Wechseln der Seite zählt. Ist das Doppelspiel erkannt, so wird nicht nur die Taktik sofort geändert, sondern der Doppelspieler auch von wahren Informationen ausgesperrt und darüber hinaus mit allen Mitteln der Desinformation so geschickt auf Fehlspuren gelenkt, daß er den Gegner fehlleitet oder wenigstens für den Intriganten als Informant uninteressant wird.

• Die Abwehr auf die Intrigenkette

Der Meister der Intrige, Richelieu, war auch ein Meister in der Abwehr. So beherrschte er besonders die Taktik des Zuvorkommens. Sein überraschender Auftritt durch die versehentlich nicht geschlossene Tapetentür am „Tag der Geprellten“ war das rettende Zuvorkommen vor der Kabale der Kamarilla um die Königinmutter Maria. Auch später, als der Beichtvater

Ludwigs XIII., Pater Caussin, sich auf die Seite der Widersacher Richelieus geschlagen hatte und gegen Richelieu mit allen Mitteln arbeitete, wandte Richelieu — wohlinformiert durch seine Spitzel — die gleiche Taktik an, als Ludwig XIII. die beiden Kontrahenten zu einer Aussprache zu dritt zusammenführen wollte. Richelieu empfing den in sein Schloß Rueil anreisenden Caussin kurz und verwies ihn in ein anderes Zimmer. Der später eintreffende König wurde belogen: „Caussin ist schon wieder fort." Damit war der Verbannungsbeschluß für Caussin nur noch eine Frage der Zeit. Zuvorkommen im Gespräch und die Lüge „schon wieder fort" ließen Richelieu Sieger in dieser Affäre werden.

Kissinger berichtet über den Verteidigungsminister Laird, daß er ein perfekter Künstler der gezielten Indiskretion war. Laird pflegte gegen ihn gerichteten Beschuldigungen bei eigenen Indiskretionen zuvorzukommen, indem er sich sofort nach Erscheinen von Presseberichten über die Indiskretion — zumeist bei Kissinger — beschwerte.

Wer im Kreuzfeuer von Billardstößen, Achillesschüssen und Komplotten steht, braucht ein starkes Herz, um in den großen Inszenierungen bestehen zu können. Ein wacher analytischer Sinn für die angewandten Kunstgriffe der Intriganten ist die Voraussetzung für die Abwehr. Das darf aber nicht dazu verführen, sich in der Abwehr zu verzetteln und jeden Trick einzeln anzugehen. Das mag in einem Fall zweckmäßig sein, in einem anderen Fall ist es zu zeitraubend oder zu wenig schlagkräftig. Die Feinheit des von Könnern gesponnenen Intrigengarns führt zu einer kaum zu beschreibenden Vielfalt. Lebenserfahrung und Klugheit müssen die Abwehrpläne des Opfers leiten. Die Abwehr orientiert sich stets am eigentlichen Konfliktstoff und wird nur aus einem Gesamtkonzept heraus wirksam möglich. Dabei ist die generelle Kenntnis der Angriffs- und Abwehrstrategeme hilfreich. Das Angriffsziel verweilt nicht lange bei den Äußerlichkeiten der Intrige: Das Wachsystem wird durch die vielfältigen Anzeichen der Intrige geweckt — verschlossene Gesichter, vorsichtige Andeutungen, geänderte Pläne, zurückgenommene Zusagen, Informationen von Freunden, Deformation von Information durch Informationsketten und dergleichen mehr — aber dann dringt das Opfer zum Kern der Kabale, dem Konfliktstoff, analytisch vor.

Die Intrige in Geschichte und Sprache

Cosi fan Tutte
— So machen es alle —
(Oper von W. A. Mozart)

Die Intrige in Geschichte und Literatur

Der praktischen Rolle der Intrige als Mittel der Konfliktlösung, um Kampfenergie „ökonomisch" einzusparen, Risiken zu meiden und den Gegner zu übertrumpfen, ist die Geschichtsschreibung reichlich gerecht geworden, dagegen fehlen in der Literatur rein analytische Betrachtungen. Aber als reizvolles dramatisches Mittel hat die Literatur die Intrige in Epen, Heldensagen, Märchen, Tragödien, Komödien, Romanen, Novellen und neuerdings in „soap operas" so vielseitig eingesetzt, daß man Ränke nicht nur als ein bewegendes Prinzip verstehen kann, sondern offenbar auch als ein Moment der Lust, wie sie listige Bosheit bereitet.

Nimmt man die Bibel als frühe, kulturgeschichtliche Quelle zur Hand, so wird klar, daß die Urformen der Intrige nicht etwa eine Erfindung von Mittelalter oder Neuzeit sind; der Mensch hat immer schon die Lüge als Waffe eingesetzt, um andere zu übertrumpfen. Das 9. Gebot Moses verbietet die Verleumdung und das falsche Zeugnis, der Psalm 64 schildert die Urform der Intrige: „. . . gleich giftigen Pfeilen schnellen sie ab ihre Rede. Um den Schuldlosen zu treffen aus ihrem Versteck, ohne Scheu ihn jählings zu fällen. Entschlossen sind sie zum Bösen, ihm heimlich Schlingen zu legen, fassen sie ihren Plan . . ."

Ob bei Homer im Altertum, Margarete von Navarra und Lope de Vega in der Renaissance oder in der Neu-

zeit Friedrich Schiller und Eugene Scribe — die Literatur ist reich an Lügengebilden. Die Kinder begeistern sich an den Listen in den Märchen und Kasperlestücken („Das tapfere Schneiderlein", „Der standhafte Zinnsoldat" und „Aschenputtel").
Aber auch die erwachsene Welt findet Gefallen an den spanischen Intrigenstücken, an Margarete von Navarras Geschichten aus dem „Heptameron", an Shakespeare und Scribe und an den „soap operas" der Neuzeit, ja, sie hat Spaß und Kurzweil daran; oft ist es reine Schadenfreude, die die Betrachtung der Intrigenspiele für den Beobachter so reizvoll macht. In diesem Kapitel geht es daher mehr um das kulturgeschichtliche Zeugnis, wann das Prinzip Intrige als Konfliktlösungsart zuerst nachweisbar ist und wie es sich in den Kulturepochen entwickelt hat.
Aus sehr früher Zeit stammen die „Richtererzählungen" des Alten Testaments. Darin ist das Komplott der Philister mit Delilah, der Freundin Samsons, dargestellt. Sie sollte das Geheimnis von Samsons Kraft an die Philister verraten und dafür tausend Silberschekel erhalten. Delilah nutzte das Vertrauen Samsons und drängte ihn so lange, bis er preisgab, daß ihm sein Haarwuchs die außergewöhnliche Kraft verleihe. Das verriet Delilah an die Philister, so konnten sie Samson gefangennehmen. Dieses Komplott ist verhältnismäßig einfach aufgebaut; Samson durchschaute das Spiel Delilahs nicht, als sie ihn umgarnte, und das Kalkül des Komplotts ging auf.
Die drei großen griechischen Dramatiker berichten als erste aus der griechischen Mythologie über die Intrige Odysseus' gegen Palamedes, den Odysseus aus Rankünе verfolgte. Odysseus vergräbt am Zeltplatz des Palamedes einen Goldschatz. Einen Gefangenen läßt er einen angeblichen Brief des Priamos an Palamedes fäl-

schen, der schriebe, daß das Gold der Lohn für einen Verrat des Palamedes an die Trojaner sei. Der „listenreiche Odysseus" — dieses Attribut gibt Homer oft seinem Helden — erschlägt den Gefangenen und läßt die Leiche des Gefangenen so liegen, damit die Leiche mit dem verfänglichen Brief von den Griechen leicht gefunden wird. Die Billardkugel rollt und trifft im richtigen Winkel: Palamedes wird des Verrates „überführt" und hingerichtet. Sein Vater, König Nauplios von Euböa, rächt ihn, indem er die Griechenschiffe durch falsche Leuchtfeuer am Kap Kaphareus scheitern läßt. So findet man bereits bei den griechischen Klassikern die Intrigengrundart „Billardstoß", ein viel feiner gesponnenes Intrigenspiel als das ziemlich grobe Komplott der Philister mit Delilah gegen Samson.

Auch der Achillesschuß als Strategem der Intrige ist bereits im Altertum nachweisbar. So wurde in Rom behauptet, Catilina habe eine Vestalin entjungfert, ein schlimmes Verbrechen in damaliger Zeit. Man kann sich leicht denken, wer diese Geschichte sorgfältig schürte und diese angebliche Blöße Catilinas nutzen wollte, denn die (später freigesprochene) Vestalin war eine Stiefschwester der Frau Ciceros, eines politischen Gegners von Catilina. Der Achillesschuß ist also keine Erfindung von unterdrückten Höflingen und Kontoristen, die die Fehler ihrer Chefs — „unschuldig", versteht sich — hochspielen, sondern ein ganz alter Trick. Nur hat sich gleichlaufend mit der Entwicklung der Sittengesetze die angreifbare Schuld eines Opfers stetig geändert. Die Entjungferung als schändenden Akt allein wird der Intrigant in der heutigen Zeit kaum als Blöße verwenden können. Eine homophile Schwäche könnte heute vielleicht eine Weichstelle des Opfers sein. Geheimdienste aller Länder sind stets auf der Suche nach solchen Achillessehnen, um das Wissen denjenigen zuzuspielen, deren kalkulierte Aktion dem Geheimdienst nutzen kann. Die „falsche“ Parteizugehörigkeit dagegen ist als Blöße zeitlos: Ob es angebliche Mitverschwörer Catilinas, ob es „verdächtige“ Anhänger der Medicis, Bonapartes, Trotzkis, Hitlers oder des Teufels waren, die Vorgabe, das Opfer sei dessen verdächtig, wußten Intriganten stets geschickt hochzuspielen und zu nutzen.

Die frühen Zeugnisse über Strategeme der Intrige belegen deutlich, daß die Menschen zu Beginn unserer Kulturzeit neben der Faust und dem Gespräch auch den Trick als Möglichkeit der Konfliktlösung beherrschten. Der Lauf der Zeit hat sicher manche Feinheiten dieser Intrigen abgehobelt, und die filigranen Strukturen früherer Verhaltensweisen sind nicht mehr zu erkennen. Aber Otto Seels Cicero-Biographie zeigt klar, daß im damaligen Konfliktlösungsverhalten die Intrige eine beachtliche Rolle gespielt haben muß. Auch das Klagelied des Psalms 64 verdeutlicht, daß der Giftpfeil der Verleumdung bis in die Archaik unserer Geschichte zurückreicht; die Bibel ist voll von Zeugnissen über Listen, Verrat, Achillesschüssen, Billardstößen und Komplotten.

Die genaueren Zeugnisse der Neuzeit sind also kein kulturhistorisch relevanter Beleg dafür, daß die Menschen heute von der Qualität her gesehen viel listenreicher miteinander umgehen als früher. Sicher ist nur, daß die Faust bis in die Zeit der Renaissance, der Raubritter und der Borgias ein häufiger angewandtes „Argument“ im Konflikt war. Erst der Druck höfischen Lebens, eines Prinzips äußerlichen Wohlverhaltens und scheinheiliger Friedfertigkeit, hat dazu geführt, daß die Menschen die Intrige als Mittel der Durchsetzung eigener Ziele bevorzugt einsetzten.

Die italienischen Stadtstaaten — namentlich die Republiken Florenz und Venedig — haben in der frühen Renaissance ihr Gemeinwesen organisiert, wie es heute moderne Staaten und Unternehmungen nicht feiner strukturieren könnten. Dabei verwandten diese Städte auf die Konsensus-Bildung besondere Sorgfalt; sie machten Staatsgewalt in allen Schattierungen kontrollierbar, so daß schließlich der Doge von Venedig häufig nur noch eine Marionette der Signoria war. In diesem gut überschaubaren Sozialsystem kontrollierte jeder jeden; die niemals niedergeschriebene Verfassung sah ein filigranes System von Ausschüssen, Kammern und beratenden Sekretären vor, in dem die Konflikte im Hin und Her der Oligarchie gelöst zu werden schienen. Das offizielle Wohlverhalten gegenüber Gesellschaft und Staat war so zwingend, daß neben der seinerzeit berühmten venezianischen Diplomatie die Intrige einen Konfliktausgleich schaffen mußte, wie es genügend aus der Literatur bekannt ist. Für anonyme Anzeigen hatte der Staat Venedig am Dogenpalast einen Löwenkopf zu einem Briefkasten mit folgender Inschrift eingerichtet: „Geheime Hinweise gegen jedermann wird er in Dankbarkeit und Pflicht verbergen, oder er wird dazu beitragen, ihre wirklichen Zusammenhänge an das Licht zu bringen."
Das Löwenmaul war sicher nicht nur Empfänger wahrer Anzeigen, sondern ebenso von Verleumdungen oder anonymen Denunziationen. Die Verleumder schreckte bestimmt nicht die versteckte Drohung, „die wirklichen Zusammenhänge an das Licht zu bringen", auch dann nicht, als man 1387 einführte, daß die Anzeigen unterschrieben sein müßten.
Florenz birgt in seinen Uffizien ein wichtiges Zeugnis der Klage über menschliche Infamie. Es ist das Bild „Die Verleumdung" Sandro Botticellis. Botticelli hat

es in der Savonarola-Zeit nach einem im Altertum von Lukian beschriebenen Gemälde des griechischen Malers Apelles gemalt. In seinem Traktat „De Pictura" hat Leon Battista Alberti auf Lukian verwiesen, wodurch Botticelli angeregt wurde, das Bild nachzumalen. In dem Bild finden sich alle Helfer der Verleumdung wieder: die aufgeregte Unwissenheit, der einflüsternde Verdacht, die Gehässigkeit, Bruder Mißgunst, die Verleumdung selbst mit einer Fackel als Symbol der Ausbreitung des Gerüchtes und schließlich späte Reue und die nackte Wahrheit. König Midas, zu dem der Unschuldige an Haaren herbeigeschleift wird, ist mit großen, alles begierig aufnehmenden Eselsohren dargestellt. Die Aktualität des Bildes Ende des 15. Jahrhunderts offenbart die Katharsis nach der Verbrennung Savonarolas. Das Bild stellt mit seiner Überlieferung aus dem Altertum, Botticellis Reflexion der Savonarola-Zeit und der generell wachsenden Auflehnung gegen Lug und Trug der Borgia-Ära ein bedeutendes kulturgeschichtliches Zeugnis des immer gültigen Prinzips Intrige dar.
Die erste staatspolitische Literatur im frühen 16. Jahrhundert vom Altmeister der Strategen „zweckmäßigen Handelns", Niccolo Machiavelli, legt kein Zeugnis ab, welche Ratschläge Machiavelli dem Fürsten möglicherweise für Intrigen gegeben hat. Machiavelli kommt dem Thema in den Kapiteln „Von den Eigenschaften, die den Menschen und insbesondere den Fürsten Lob oder Tadel eintragen", „Inwieweit die Fürsten ihr Wort halten sollen" und „Wie man sich vor Schmeichlern hüten muß" immer nur nahe und behandelt allgemeine Fragen der Taktik, ohne die Intrige konkret zu erwähnen. In keinem Fall kann daraus geschlossen werden, daß die Intrige in dieser Zeit unbedeutend war oder — wenn man Machiavelli als Ge-

schichtsschreiber betrachtet — aus früherer Zeit als unbedeutend überliefert wurde. Sicher liegt es daran, daß in der Kürze des Buches wenig Platz für spezielle Fragen war und — was Friedell betont — der Renaissancemensch der Gewalt als Mittel der Realpolitik mit weniger Skrupeln gegenüberstand. Immerhin hat aber Machiavelli im Kapitel über „das Wort halten" die Heuchelei und Verstellung — einem wesentlichen Element „der verwirrenden Verwicklung" des Gegners — als füchsische Eigenschaft des Fürsten neben seiner Stärke als Löwe herausgestellt. So ist die Geschichte der Borgias und Medicis voll von Listen, Täuschungen und Heucheleien. Maria Bellonci berichtet zum Beispiel in ihrer Lucrezia Borgia-Biographie über das Doppelspiel Cesare Borgias bei der Papstwahl nach dem Tode seines Vaters, Alexander VI. Cesare wollte gleichzeitig für die spanische und die französische Partei votieren, was aber bald von beiden Seiten durchschaut wurde. Auch die eindeutigen Zeugnisse aus Venedig und Florenz zeigen klar, daß in diesen weit über die damalige Zeit hinaus entwickelten Kommunen die Intrige als Prinzip der Konfliktlösung voll ausgebildet war.

Die Skrupel, Gewalt anzuwenden, sind es, die sich in der geschichtlichen Entwicklung wandeln, nicht die geistige Unfähigkeit, eine raffinierte Intrige einzufädeln. In früher Zeit fehlte der Druck höfischen Lebens, sich wenigstens äußerlich den Anschein eines friedfertigen Menschen zu geben. Diese „feinere" Art kehrte erst mit der Spätrenaissance und dem Frühbarock in die Verhaltensweise des Menschen ein. Egon Friedell schreibt dazu in seiner „Kulturgeschichte der Neuzeit":

„*Wir müssen, wenn wir die Schilderungen jener Schandtaten* (aus der Renaissance — der Verfasser) *lesen, bei al-*

lem moralischen Schauder dennoch die Grazie, die Wohlerzogenheit, die Formvollendung, man möchte fast sagen: den Takt bewundern, mit dem die Leute sich damals hintergingen, ausplünderten und umbrachten. Der Mord gehörte damals ganz einfach zur Ökonomie des Daseins, wie heutzutage ja auch die Lüge zur Ökonomie des Daseins gehört. Unser Zeitungswesen, unser Parteiwesen, unsere politische Diplomatik, unser Geschäftsverkehr: dies alles ist auf einem umfassenden System der gegenseitigen Belügung, Übervorteilung und Bestechung aufgebaut. Niemand findet etwas daran. Wenn ein Politiker aus Gründen der Staatsraison oder im Interesse seiner Partei einem anderen Zyankali in die Schokolade schütten wollte, so würde die ganze zivilisierte Welt in Entsetzen geraten; daß aber ein Staatsmann aus ähnlichen Motiven betrügt, Tatsachen fälscht, heuchelt, intrigiert: das finden wir ganz selbstverständlich. Die Italiener des fünfzehnten und sechzehnten Jahrhunderts befanden sich eben noch in einer Verfassung, die den gelegentlichen Mord zu einem Ferment des sozialen Stoffwechsels, man möchte fast sagen: zu einer gesellschaftlichen Umgangsform machte; so wie eben heute noch jede Art „Korruption" ein unentbehrliches Ingrediens des öffentlichen und privaten Verkehrs bildet. Dies sind nur die Grade."

Schon kurz nach Machiavellis Zeit schrieb Margarete von Navarra ihren „Heptameron" mit einer Fülle von Geschichten, in denen die Liebeshändel von Intrigen durchsetzt sind. Die Novellen des „Heptameron" sind ein wichtiges kulturgeschichtliches Zeugnis der Kabalen dieser Zeit. Vor Lope de Vega mit seinen Zeitgenossen und nach Margarete von Navarra ist es vor allem William Shakespeare, der in seinen Tragödien und Komödien die Möglichkeiten der Ränkespiele in einer bis dahin noch nicht bekannten Feinheit verwendet, um die Konflikte seiner Figuren zu lösen. Ob es „Die

Mausefalle" in „Hamlet", die angebliche Liebe Olivias zu Malvolio in „Was ihr wollt" oder Desdemonas Tüchlein in „Othello" ist, aber auch in „Richard III.", ja, in allen Königsdramen, im „Kaufmann von Venedig", überall ist das Intrigengarn so fein ausgesponnen, daß man Shakespeare als den eigentlichen Innovator in der Literatur dieses Stils ansehen kann. Dabei muß man allerdings auch auf seine besseren soziologischen Voraussetzungen achten, denn gerade in der Zeit Elisabeths I. treten Faust, Schwert und Dolch als „Argument" in der Auseinandersetzung zurück, der Druck zum Wohlverhalten an der Oberfläche wächst und entfaltet sich nach dem Muster französischer Höfe. Das aber gerade ist die Voraussetzung dafür, daß die Intrige als Mittel zum Konfliktausgleich in den Vordergrund der alltäglichen Auseinandersetzungen treten kann.

Lange nach Machiavelli entstanden die spanischen Intrigenstücke, vor allem jene von Lope de Vega, die Muster für die Literatur dieser Gattung von Eugène Scribe im 19. Jahrhundert waren und bis in das Kammertheater dieses Jahrhunderts wirkten. So hatte sich die dramatische Intrige über Molière, Voltaire bis zu Scribe zur Virtuosität entwickelt. In seinem Einführungsvortrag vor der Académie Française behandelte Scribe als erster in der Literatur einige theoretische Aspekte der dramatischen Intrige. Erst viel später erschienen in Deutschland zwei Dissertationen (Nikolaus Mache: „Die Intrige in Schillers Dramen", 1949; Heinz Knorr: „Wesen und Funktion des Intriganten im deutschen Drama . . .", 1951), die aber nur Teilaspekte behandeln und auch noch den Sturm-und-Drang-Tollpatsch Franz Moor als Intriganten auffassen. Der typische Intrigant jedoch will keine Blutspur ziehen, die zu ihm führt. Er will seine Tarnung nicht

verlassen. Dolch und Intrige schließen sich daher gegenseitig aus.
Aus der Geschichtsschreibung sind drei Werke besonders zu nennen, in denen einzelne Intrigen besonders sorgfältig geschildert werden: C. J. Burckhardts Richelieu-Biographie mit der Kamarilla um Maria Medici und auch die Memoiren Saint-Simons über seine Zeit am Hof Ludwigs XIV. sind Quelle für geschichtliche Zeugnisse der Intrigen der feinsten Machart, denn Saint-Simon beschreibt menschliche Verhaltensweisen sehr präzise und scharfsichtig.
Das dritte Werk sind Otto von Bismarcks „Gedanken und Erinnerungen". Der Leser, der Beispiele für intrigante Unschuldigkeit sucht, findet sie im Kapitel „Intriguen" bei der Darstellung der Affäre Arnim. Bismarck beteuert, daß er bei der Strafanzeige gegen Arnim nur die Herausgabe „amtlicher Bestandteile der Botschaftsakten" (= nach Schoeps einige persönliche Briefe Bismarcks an Arnim) erwirken wollte und „das scharfe Urteil nicht voraussehen konnte". Wer im übrigen erfahren will, wie giftig Tinte fließen kann, lese den Abschnitt des gleichen Kapitels über die Kaiserin Augusta; seit einem kleinen, brüskierenden Zusammenstoß im Jahr 1848 haben sich Augusta und Bismarck über vierzig Jahre in ewig dauernder Rankünе gegenseitig belauert und bekämpft.
In der Geschichte der Intrige und des Achillesschusses als Strategem wird die Redaktion der „Emser Depesche" stets eine hervorragende Rolle spielen, weil die Kürzung eines Textes zu einem vollkommenen Bedeutungswandel, also zur Deformation von Information, führte, und es wurde noch nicht einmal ein Wort hinzugefügt. Die Reduzierung der wirklichen Emser Depesche auf die gekürzte veröffentlichte Form eliminierte alle Formulierungen, die Konzilianz König Wil-

helms erkennen ließen, und mußte *„den Eindruck eines rothen Tuches auf den gallischen Stier machen"*. Diese Wirkung wurde natürlich noch dadurch verstärkt, daß die Franzosen zunächst nur den verschärften Text erfuhren, der freilich zu Botschafter Benedettis Berichten im Widerspruch gestanden haben muß. Denn immerhin hatte Benedetti in Ems die Versicherung erhalten, daß der preußische König den Verzicht des Erbprinzen auf den spanischen Thron bestätige.

Über sein Kalkül bei der Affäre berichtet Bismarck:

„Wenn ich diesen Text, welcher keine Änderungen und keinen Zusatz des Telegramms enthält, sofort nicht nur an die Zeitungen, sondern auch telegraphisch an alle unsre Gesandtschaften mittheile, so wird er vor Mitternacht in Paris bekannt sein und dort nicht nur wegen des Inhalts, sondern auch wegen der Art der Verbreitung den Eindruck des rothen Tuches auf den gallischen Stier machen. Schlagen müssen wir, wenn wir nicht die Rolle des Geschlagenen ohne Kampf auf uns nehmen wollen. Der Erfolg hängt aber doch wesentlich von den Eindrücken bei uns und Andern ab, welche der Ursprung des Krieges hervorruft; es ist wichtig, daß wir die Angegriffenen seien, und die gallische Überhebung und Reizbarkeit wird uns dazu machen, wenn wir mit europäischer Öffentlichkeit, so weit es uns ohne das Sprachrohr des Reichstags möglich ist, verkünden, daß wir den öffentlichen Drohungen Frankreichs furchtlos entgegentreten."

Benedetti hatte in Ems den Fehler begangen, den König der Preußen auf der Promenade in amtlicher Mission anzusprechen, und dabei auch noch versucht, ihn zu forcieren. Diesen Fehler hat Bismarck hochgespielt, indem er den Sinn der eher konzilianten Antwort des Königs verschärfte. Den herausfordernden Text gab Bismarck an die Presse; nun wurde aus den wenigen die Brüskierung des Königs beobachtenden

Promenadenpassanten in Ems die gesamte Weltöffentlichkeit, aber in den Augen der stolzen Franzosen darüber hinaus Frankreich statt Preußen herausgefordert. Die Falle war weit geöffnet, und Napoleon III. ging hinein. Frankreich erklärte Preußen den Krieg, und die von Bismarck gewollte kriegerische Konfliktbereinigung nahm ihren Lauf. Die Veröffentlichung der gekürzten Emser Depesche ist ein Achillesschuß, denn es wurde ein Fehler hochgespielt und eine Falle daraus gemacht, indem gallische Reizbarkeit geschickt genutzt wurde. Die Franzosen nahmen den „schwarzen Peter" an. Bleibt nur noch zu erwähnen, daß Bismarck England und Belgien durch eine Times-Meldung schnell noch wissen ließ, daß Benedetti (im Jahr 1866!) Belgien von Preußen für Frankreich zugestanden haben wollte. Durch diese Meldung — natürlich ohne Zeitangabe — waren die Franzosen wieder als Imperialisten bloßgestellt und verloren England als möglichen Verbündeten.

Für die Analyse des Prinzips Intrige muß ein solches Beispiel politischer Ränke besonders interessieren, weil Bismarck in seinen Memoiren freimütig das Kalkül seiner Aktionen darlegte. Solche Offenheit steht in der Geschichtsschreibung aus berufener Hand bis heute ziemlich einzig da. Die Politiker im 20. Jahrhundert werden sich hüten, so offen zu sein. Nicht daß Nürnberg wahre Verhaltensnormen in der kriegerischen Haltung von Konfliktnationen gesetzt hätte; indessen man sucht weiter dem Konfliktgegner den „schwarzen Peter" zuzuschieben, ohne freilich zu wagen, das in den Memoiren zuzugestehen.

Es ist das Verdienst von Heinz-Günter Deiters, mit „Die Kunst der Intrige" (Hamburg, 1966) der deutschen Literatur eine erste, mehr kulturgeschichtliche Darstellung der Intrige vorgelegt zu haben; das Buch geht aber auf die theoretischen und sozialpsychologischen Aspekte der Intrige und ihrer Abwehr kaum ein.

Die neuere Literatur über den Betriebsalltag beschäftigt sich verstärkt mit den Verhaltensweisen des Menschen in diesem Spannungsfeld. Die Abhandlungen konzentrieren sich darauf, „machiavellistische" Taktiken darzustellen, die allein den Regeln des Pragmatismus, nicht der Moral folgen. Hier hat nach Jays „Management und Machiavelli" besonders Michael Korda die „Machtspiele" im Betrieb gleichsam dokumentiert und bis in die Tiefen der Sozialpsychologie ausgeleuchtet.

Korda schildert Taktiken des einzelnen zur Machtvergrößerung. Erstaunlich ist dabei nicht nur, daß Korda das Wort „Intrige" oder seine Synonyma meidet und allenfalls „Manipulation" gebraucht, sondern auch die Taktiken als völlig normal schildert, wie z. B. die Taktik der Monopolisierung der Information:

„*Wer das Informationsspiel spielt, beherrscht diese Taktik. Er erhält und kontrolliert die Informationen nicht nur, er weiß auch, wie man sie praktisch unverständlich macht. Sein Ziel ist, die ihm zur Verfügung stehenden Informationen so geheimnisvoll und unzugänglich wie nur irgend möglich zu machen. Er schlüsselt die Informationen so kompliziert auf, daß nur er selbst erklären kann, was sie bedeuten (falls sie überhaupt etwas bedeuten).*"

Dieser Tenor liegt nicht nur an seiner Darstellungsart, „als ob ein Zoologe über Kobra und Königstiger abhandelt" (so Friedell über Machiavelli), sondern auch an der Bewertung dieser Machtspiele als einer tiefverwurzelten, völlig normierten Verhaltensweise. Tatsächlich ist das Prinzip Intrige so tief im Alltag von Politik, von Institutionen und von Betrieben verwurzelt, daß seine Anwendung als eine ganz gewöhnliche

Sache angesehen wird wie eine kleine, läßliche Sünde, nicht einmal als ein Kavaliersdelikt. Die intriganten Tricks werden fast unbewußt eingesetzt, und nur die ganz große, abgefeimte Intrige erhält den Auffälligkeitswert, den sie verdient. Korda beobachtet dabei auch die grauen, geräuschlosen Eminenzen, die jede Auffälligkeit vermeiden.

„*Hinter den Kulissen erhalten sie mit einem Minimum an Aufsehen alles, was sie wollen. Konfrontation erzeugt nur Reibung, verlangsamt das Tempo.*" Über die Freude aber, die die Befriedigung der neugierigen Sensationslust im Alltag dann bereitet, wenn die Intriganten so hoch spielen, daß alle es sehen können, berichtet Korda:

„*Für die meisten Menschen liegt die Hauptanziehungskraft der Macht jedoch in ihrer Sichtbarkeit. Die Rolle der grauen Eminenz reizt sie nicht. Auch das politische Leben begünstigt geheime Macht nicht gerade: wir wollen nicht nur geführt werden, sondern unsere Führer in Aktion sehen, ihre Kämpfe stellvertretend miterleben. Wir wollen die offene Diplomatie: in der Politik verlangen wir direkte Machtkonfrontationen, am Arbeitsplatz weiden wir uns an interessanten Machtspielen. In jedem Unternehmen sind Machtspiele daher sehr beliebt. Die Arbeit ist für die meisten wenig attraktiv, doch sie wird erträglicher, wenn man andere beim Kampf um die Macht beobachten kann. Es ist ein Zuschauersport, der gleichzeitig Teilnahme erfordert. Jeder, so unwichtig er auch sein mag, kann mitspielen, Stellung beziehen, Urteile fällen. Er hat das Gefühl, etwas Interessanteres und Dramatischeres zu erleben, als es ihm seine eigene, begrenzte Aufgabe bieten kann. Deshalb wird ein auffällig operierender Machtsucher meist mehr Parteigänger und Sympathisanten finden als ein im stillen wirkender Verschwörer.*"

Zur Aussage im letzten Satz sei die Anmerkung erlaubt, daß die „stillen Verschwörer" immer ihre Bundesgenossen finden. Der Unterschied zu dem auffällig operierenden Machtsucher ist nur der, daß die stillen Intriganten ihre Bundesgenossen lautlos werben: Sie werden so manipuliert, daß sie glauben, für die eigene Sache zu kämpfen, ohne sich als Parteigänger eines Hauptakteurs zu fühlen.
Man könnte seine eigenen Lebenserfahrungen, die einschlägigen Abschnitte der Literatur und die Theorie der Intrige, soweit man sie aus dieser Analyse ableiten konnte, zusammenfassen und würde erkennen, daß Konfliktstoffe und Konfliktlösungsarten immer nur auf einige wenige Grundtypen verdichtet werden können. Besonders für die Abwehr von Intrigen ist das wichtig, aber auch, um Intrigen an ihrer Wurzel zu erkennen: im Konflikt.
Die Geschichte der Gegenwart *scheint* verstärkt von Intrigen durchsetzt. Daher sollte man vor einem wertenden Urteil die Erosion durch den Zeitablauf abwarten, denn diese Gunst ist bereits dem 19. Jahrhundert, vieles gnädig überdeckend, widerfahren. Aber es spricht doch einiges dafür, daß das 20. Jahrhundert die Intrige zu einem allgegenwärtigen Prinzip weiterentwickelt hat. Nicht nur die Tatsache, daß zum ersten Mal einem Mitglied der deutschen Reichsregierung in einem Urteil „schmutzige Machenschaften" (= „dirty machinations") vorgeworfen wurden (die Rolle Görings bei der Ausschaltung von Generaloberst Fritsch), sondern auch die Perfektionierung der Geheimdienste, von Telefon, Telefonabhören, Tonbändern und Fotomontage, hat die Werkzeuge des Intriganten vervielfacht. Wie machtlos ist heute ein Politiker im Fernsehen gegenüber einer unterstellenden Frage, wenn dazu noch eine Naheinstellung häßliche

Details seines Äußeren offenbart! Die immer höhere Komplexität der Willensbildung in Politik und Wirtschaft, die Transparenz der Medien und gleichzeitige Verneblung der Information durch Überflutung und Verkettung sind der Nährboden für immer mehr Intrigen. Auch wenn man die Intrige nicht will, sie wird ein wichtiges Kampfprinzip in Konflikten von Völkern, Staaten und Sozialkörpern bleiben.
Wer gegen diesen sicher traurigen Aspekt angehen will, sollte sich darauf konzentrieren, wenigstens in seinem Verantwortungsbereich die Möglichkeit gruppendynamischer Willensbildung stärker auszunutzen und die Grammatik der Konfliktlösung straffer anzuwenden.
Das Sozialsystem wird sich in Zukunft als überlegen erweisen, dem es gelingt, trotz verschiedenartiger Interessen, ohne viel Friktion, zu einer strategischen und taktischen Willensbildung schnell und wirksam bei der Lösung der gestellten Aufgaben vorzudringen (siehe „Die Intrige als Form des Konfliktlösungsverhaltens in der Gesellschaft“).

Die Intrige in der Sprache

Die Sprache ist der Träger von Informationen. Soziale Verhaltensweisen verdeutlichen sich durch Sprache — sei es in der gehobenen Schriftsprache, sei es in der Umgangssprache. So verfügt die Schriftsprache, mehr aber noch unsere Umgangssprache, über eine Fülle von Ausdrücken für intrigante Verhaltensweisen. Dieses Kapitel soll den Leser weniger in diesen Sprachgebrauch einführen als ihm einen Eindruck vermitteln, wie weit das Prinzip Intrige sprachlich in unserem Leben verwurzelt ist.

Das Wort Intrige ist aus dem französischen *l'intrigue* übernommen worden und stammt ursprünglich aus dem lateinischen Wort *intricare* („verwickeln"), aus dem sich das italienische Wort *intrigare* entwickelt hat, das die heutige Schreibweise begründete. Dem Begriff Intrige haftet im deutschen Sprachgebrauch ein Odium an; es wird Abgefeimtes assoziiert, heuchelnde Täuschung, Skrupellosigkeit und arglistiger Anschlag. Sehr viel milder ist der Ausdruck Ränke. Ränkevoll zu sein bedeutet in erster Linie, sich immer listig-streitbar zu zeigen. Das Wort Ränke ist nicht mehr gebräuchlich und wird allenfalls in der Hochsprache für schlau berechnete Händel angewandt. „Ränke schmieden" hat einen sanfteren Klang als „intrigieren". Ränke kommt von Rank, d. h. Wegkrümmung, List. Es gibt noch die schweizerische Wendung „den Rank finden", was soviel bedeutet wie eine List, einen Dreh anwenden. Auch das Wort Kabale stammt aus dem französischen Wortschatz, nämlich von *cabale.* Der Begriff Kabale ist noch zurückhaltender als Ränke. Ursprünglich ist es aber aus den semitisch-hebräischen Sprachgruppen für „geheimnisvoll, abgeschlossen" über das lateinische *cabala* in die europäischen Sprachen eingeführt worden. Mit dem Anklang „heimlich" wird intrigante Verhaltensweise treffend gekennzeichnet. Die französische Sprache hat *cabale* vorwiegend für höfische Intrigen verwendet. In unserem Sprachraum ist es sogar manchmal üblich, eine Koalition von Gegnern, die sich intrigant verhalten, als „eine ganze Kabale" zu bezeichnen. So verwendet Carl Jacob Burckhardt ähnlich dem französischen Sprachgebrauch diesen Begriff für die gegen Richelieu gerichtete Kamarilla um Maria Medici, die Königinmutter von Ludwig XIII. und Witwe Heinrichs IV. Im 17. Jahrhundert erhielt am englischen Hof unter Karl II. das „Committee for

Foreign Affairs" die Bezeichnung „the cabal", sozusagen ein Vorgänger des modernen Kabinetts.

In der englischen Sprache sind die Worte *intrigue* und *cabal* etwa synonym mit den deutschen und französischen Begriffen. Ein dem deutschen „Ränke" gleichartiger Begriff fehlt aber sowohl in der englischen als auch der französischen Sprache. Allerdings geht der englische Sprachgebrauch bei *intrigue* noch über den Begriff trickreicher Kampf hinaus; so wird als *intrigue* auch eine etwas abgeschmackte Liebesaffäre bezeichnet, wohl auch deswegen, weil sie der eigentlichen Intrige in Mittel und Wegen verwandt ist. Alle drei Sprachen haben für die Umschreibung der Hauptbegriffe Intrige, Kabale und Ränke eine Fülle von Wörtern bereit, die sowohl in der Schriftsprache verwendet werden als auch in die Umgangssprache hinüberreichen.

Das Wort Komplott ist in dieser Analyse für die Beschreibung der Allianz von Intriganten verwendet worden. Wie Konspiration reicht auch Komplott nahe an Staatsaffären heran, für die die deutsche Sprache generell „Verschwörung" verwendet.

Die Wörter französisch *complot* und englisch *plot* sind nahezu synonym. Mit „Machenschaften" (französisch oder englisch *machination)* ist der deutsche Schriftwortschatz erschöpfend aufgezählt, wenn man Drahtziehereien und ähnliche Umschreibungen außer acht läßt. Die englische Sprache hat aber darüber hinaus noch eine Menge von Begriffen für den Gegenstand, die Eigenschaft oder die Tätigkeit: Gebräuchlich sind *plot* oder *plotter, plan* oder *planner, scheme* oder *schemer.*

Die intensive Durchdringung des Soziallebens mit dem Prinzip Intrige spiegelt sich vor allem in der Umgangssprache wider, die eine Menge von bildhaften Begriffen für einzelne Tätigkeiten des Intrigierens hervorgebracht hat. Diese zahllosen Metaphern kennzeichnen treffend den angewandten intriganten Trick. Für verleumden, verunglimpfen sowie denunzieren steht manchmal der Begriff „anschwärzen“. Im übertragenen Sinne macht der Intrigant „schlechte Presse“, oder er sorgt dafür, daß das Opfer „eine schlechte Presse hat“. Manchmal werden aber auch „spitze Andeutungen gemacht“, „mit Spitzen geworfen“, wenn andere das hören sollen, oder es wird mit Berechnung auf dritte Zuhörer „das Wort im Mund umgedreht“. Auf dem weiten Feld des Hintertreibens und Abblokkens werden „Torpedos geschossen“, manchmal noch verstärkt, um das Hinterhältige, das Versteckte zu kennzeichnen, auch „Unterwassertorpedos“ genannt. Älter sind die Begriffe „Knüppel zwischen die Beine werfen“, „Keil dazwischentreiben“, „sich nicht in die Karten schauen lassen“, „Wasser abgraben“ und der Ruf nach „Munition“.

Für das Hochspielen von Fehlern gibt es vielfältige Begriffe. Da wird „hochgeschossen“, „ausgeschlachtet“, „Strick daraus gedreht“ und „hineingeritten“. Für die Falle wird „Sand in die Augen gestreut“, „auf den Leim gegangen“, „mit doppeltem Boden“, „Katz' und Maus“ oder „mit gezinkten Karten“ gespielt, Begriffe, die auch im Doppelspiel vorkommen. Für das Täuschen und Hereinlegen hat der Volksmund viele Begriffe bereit. Da wird „an der Nase herumgeführt“, „zum Narren gehalten“, „in die Tasche“ oder „in den Sack gesteckt“. Auch für die Wahl der falschen Seite gibt es Umschreibungen wie „auf das falsche Pferd setzen“, „der Dampfer ist abgefahren“, „sich zwischen zwei Stühle setzen“, „sich in die Nesseln setzen“ oder „auf dem trocknen sitzenlassen“. Schließlich hat die Umgangssprache für das Gegeneinanderausspielen im

Billardstoß treffende Ausdrücke wie „aufeinander loslassen“ und „von der Kette lassen“ bereit. Dazu kommen noch so feine Tätigkeiten wie „Stolperdrähte ziehen“, „Tretminen auslegen“, „Stricke legen“ oder „im dunklen tappen lassen“. Das ersehnte Ende mancher Intrige ist der „Abschuß nach dem Kesseltreiben“, „das Ausbooten“, „Kaltstellen“, wenn das Opfer entweder „ausmanövriert“ oder „an die Wand gespielt“ wurde.

An dieser bunten Auswahl von geläufigen Ausdrücken aus dem täglichen Leben erkennt der Leser, wie fest das Prinzip Intrige nicht nur in vergangenen Jahrhunderten, sondern heute überall fest verwurzelt ist.

Die Intrige als Form des Konfliktlösungsverhaltens in der Gesellschaft

> *„Kampf ist aller Dinge Vater, aller Dinge König. Die einen erweist er als Götter, die andern als Menschen — die einen läßt er Sklaven werden, die anderen Freie."*
> Heraklit

Die Intrige und andere Formen der Konfliktlösung

Die Intrige ist ein Kampfmittel des Menschen zur Konfliktbewältigung neben anderen Möglichkeiten. Man kann unter offen erkennbaren und verdeckten Arten unterscheiden.

Offen erkennbar sind

- ☐ physischer Kampf (Dolch, Gift, Faust),
- ☐ offener verbaler Streit,
- ☐ hierarchische Machtausübung im Sinne des Befehls oder der Einschüchterung,
- ☐ Diskussion und Überzeugung,
- ☐ Entscheidertraining/Forum.

Zu den verdeckten Kampfmitteln zählen

- ☐ Diplomatie und
- ☐ Intrige.

Die offenen Methoden des Konfliktausgleiches werden in dieser Analyse nur behandelt, soweit sie als Antipoden der Intrige zu erwähnen oder aber soweit sie in der Lage sind, intrigant verspannte Situationen in Sozialkörpern zu kompensieren. Ihnen ist das Kapitel „Besondere Möglichkeiten für Konfliktentladung in komplexen Systemen" gewidmet.

Die Oberfläche der Intrige schaut friedlich aus, denn der klassische Intrigant ist kein Freund des Dolches und schon gar nicht des offenen verbalen Streites. Er

zieht es vor, aus der Deckung heraus zu kämpfen. Er folgt den ökonomischen Prinzipien der Intrige, denn der leichte Griff zum Dolch macht letzten Endes viel mehr Mühe, um Blutrache abzuwehren. Spurloser ist ein Mensch durch Intrige zu übertrumpfen oder zu überwinden. Außerdem sind die Verknüpfungen der Sozialkörper untereinander komplexer und daher auch konfliktgeladener geworden. Über die Jahrtausende seiner Kulturgeschichte hinweg hat der Mensch daher seine Kampfmittel „verfeinert". Die Ökonomie zwischen Aufwand, Gefahr der Entdeckung und Erfolg der Kampfesmittel ist der Kern der Überlegungen des Intriganten. Und wenn Egon Friedell die Mordusancen der Renaissance „ein Ferment des sozialen Stoffwechsels" der damaligen Zeit nennt, so gilt dieses Bild erst recht für die Intrige in ihrer steigenden Bedeutung im 18. bis 20. Jahrhundert. Die Intrige ist eines der Fermente des sozialen Stoffwechsels in dieser Zeit, sie ist ein wirkendes Prinzip des Konfliktausgleichs im ewigen Kampf der Interessengegensätze.
Wie Heraklit lehrt, ist der Kampf der Vater aller Dinge. Das gilt auch für die kampfartige Überbrückung unter der Oberfläche im Hin und Her der Gegensätze in und zwischen den Sozialkörpern. Denn die daraus folgende Willensbildung der Gesellschaft schlägt neuen Ideen eine Bahn und führt zu einem neuen — aber wiederum labilen — Gleichgewicht. Auch aus dieser Sicht braucht die Gesellschaft das Prinzip Intrige zur Konfliktlösung. Sie ist in ihrer Art als ökonomisch kalkuliertes Kampfmittel eine Realität des Gesellschaftslebens.

Die Konfliktaufladung im Sozialkörper

Auf welchem gesellschaftlichen Boden gedeiht der Pilz Intrige besonders trefflich? Welche sozialen Faulstoffe nähren ihn? Beide Fragen gehen von der in den Kapiteln „Der Intrigant“ und „Die Abwehr der Intrige“ gelegten grundsätzlichen Voraussetzung aus, daß die Intrige auch eine von der Umwelt eines Menschen sozial bestimmte Verhaltensweise in der Konfliktauseinandersetzung ist und nicht nur auf intrigante Charakterzüge der Individuen zurückzuführen sein kann.

Die geschichtlichen Zeugnisse über Intrigen an Höfen, aber auch das gegenwärtige Leben in Parlamenten, Ministerien, Behörden, Geheimdiensten, Kirche, Unternehmen und Familien — also in jedwedem Sozialkörper — zeigen dem aufmerksam beobachtenden Leser deutlich einen Zusammenhang zwischen

- Konfliktdichte (Häufigkeit),
- Konfliktaufladung (wachsende Intensität im Sinne eines Spannungsstaus ohne Entladung) und
- Tabuhaltung (äußerliche Friedfertigkeit zur Schau tragen) sowie
- Hierarchie — oder Machtverteilung.

In der überwiegend unbewußten Tabuhaltung ist es so, als ob die Menschen beschlossen hätten, sich nicht gegenseitig anzugreifen, Friedfertigkeit zu zeigen und über alles äußerlich hinwegzugehen, als sei alles in Ordnung. Es wirkt wie ein Gesellschaftsvertrag, wie ein Nichtangriffspakt mit Vorbehalten. Die Tabuhaltung läßt es als unfein erscheinen, direkt auf Konfliktstoffe zu sprechen zu kommen und so eine offene Auseinandersetzung anzugehen. Fein ist es dagegen, seine Vorbehalte nicht zu zeigen, sich freundlich zu geben und allenfalls höflich und oberflächlich anzudeuten, zuweilen mit kleinen Spitzen versetzt, wo möglicherweise Gegensätzlichkeiten bestehen könnten. Es ist eine glattpolierte Oberfläche der Etikette, die den Toren darüber täuscht, was wirklich darunter gespielt wird. Man kann auch von einem „Verhaltensvertrag“ sprechen, der den Menschen den förmlichen Umgang angenehmer und sicherlich auch äußerlich friedlicher macht. In vielen Kulturen — besonders in fernöstlichen — kann diese Verhaltensweise beobachtet werden; sie entspringt der Haltung der Menschen, nicht anecken zu wollen. Die Gebahren sind gefesselt, und die Zunge ist mit einer Sicherheitsnadel befestigt.

Aber das ist nicht nur eine Einrichtung der Menschheit für den höflichen Umgang miteinander. Dahinter steckt auch ein bewußtes Kalkül des Abwartens, der Heimlichkeit, das Versteckens und der Täuschung. Es ist eine Verteidigungshaltung, eine Tarnung der eigenen Gedanken, um Angriffe des Konfliktgegners nicht zu provozieren; man will erst noch beobachten, bis die günstigste Gelegenheit gegeben ist. Der Leser präge sich daher die Regel ein: Je förmlicher und glatter die Oberfläche eines Menschen ist, unter der heiße Konfliktstoffe verborgen werden, um so härtere Angriffe sind von ihm zu erwarten.

Die institutionelle Forderung nach solchem äußerlichen Wohlverhalten ist sozusagen der gesellschaftliche Beitrag zum Nichtangriffspakt, der Etikette. Je glatter oder höfischer die Haltung zu sein hat, desto weniger darf man sich über Konfliktstoffe betroffen zeigen oder gar zu offener Auseinandersetzung übergehen. Sich „bei Hofe“ offen — gar in Gegenwart des „Herrschers“ — zu streiten, ist vollkommen unmöglich. Allenfalls sind Zurechtweisungen oder ähnliches in der Hierarchie von oben nach unten vorstellbar. Durch diese mangelnde Möglichkeit, die Konflikte zu entladen, wachsen Intensität und Zahl der Konflikte. Ein

Sozialkörper, so unter Druck gesetzt, schafft sich ein Entladungsventil: die Intrige.

Die intrigante Konfliktentladung bei tabuierten Verhaltensweisen

Man kann sich durch Lektüre der authentischen Schilderung des höfischen Lebens mühelos davon überzeugen, wie sehr die Etikette die Formen der Auseinandersetzung bestimmte. Allen voran Saint-Simons Memoiren über das Leben am Hof Ludwigs XIV., aber auch Casanovas Memoiren oder die „Gedanken und Erinnerungen" von Bismarck zeigen deutlich die geschilderten Gesetzmäßigkeiten. Diese Zusammenhänge sind ohne weiteres auch in der heutigen Zeit zu erkennen, soweit nicht durch weitergehende Mittel eine Möglichkeit der offenen Konfliktauseinandersetzung geschaffen wurde.

Aber auch die Beispiele von Kissingers Memoiren, von Paynes Stalin-Biographie, von Sloans Memoiren oder von Voslenskys „Nomenklatura" zeigen, daß das Prinzip Intrige allgegenwärtig ist und an keinem noch so gerühmten und lauteren Sozialkörper vorbeigeht.

Was besonders an Voslenskys Schilderung des Lebenskampfes der neuen Klasse so fasziniert, ist nicht etwa der Blick durchs Schlüsselloch, vielmehr ist es der offensichtliche Druck, Konflikte — wenn offen — so gleichsam nach einem Ritual auszutragen, das nur für die Umwelt verschlüsselt erkennen läßt, was eigentlich wirklich gemeint ist. Widersacher geraten sich nach diesem Konfliktlösungsverhalten öffentlich niemals in die Haare. Früher wurden Abweichler ex post facto als erschossen gemeldet; in der Nach-Stalin-Ära geht man friedlicher miteinander um und stellt den

Unterlegenen nur kalt — dafür aber endgültig. Öffentlich-aktuelle und auch offene Auseinandersetzungen um die Grundsatzfragen sowjetischer Politik sind aus Rußland bisher nicht bekannt.
Aber auch über alle Konflikte in den Ministerien und Parteibüros wird ein Mantel des äußerlichen Wohlverhaltens gedeckt. Wie bei Zarin Katharina II. höfisch übertüncht, so werden die Konflikte auch heute sorgfältig vor der Öffentlichkeit verborgen. Folgt man den Schilderungen Voslenskys, so wird einem klar, daß unter diesem Mantel die Kämpfe um so heftiger ausgetragen werden. Es dürfte den Leser von „Nomenklatura" nicht überraschen, daß es auch in der Sowjetunion Konflikte gibt, obwohl sie nicht an die Öffentlichkeit dringen. Der Druck indessen, unter dem das ganze System steht, Konflikte weitgehend intern austragen zu müssen (natürlich nicht alle in intriganter Form), dürfte das System nicht leistungsfähiger machen. Die intriganten Lösungen werden eher lähmend wirken, da Friktionen im System durch Intrigen mit ihrer verhängnisvollen Kettenwirkung enorm erhöht werden.
Die Schilderung Voslenskys hat exemplarischen Charakter, weil die Fortsetzung der früheren höfischen Konfliktaustragung unter anderen Voraussetzungen zu erkennen ist. Das ist für diese Analyse besonders wichtig, denn hier zeigt sich das Konfliktlösungsverhalten in einer oligarchischen Gesellschaft unter der Voraussetzung, daß eine offene Konfliktaustragung gehemmt ist. Auch in westlichen Ministerien, Managements und Gemeinden wird nicht jeder Konfliktstoff offen ausgetragen. Der Analytiker muß aber stets die plastischere Form des Beispiels zur Demonstration seiner Aussagen aufzeigen, und daher sind die westlichen Mischformen für diese Analyse nicht so

exemplarisch wie die von Voslensky. Voslenskys Darstellung ist nicht gerade wohlwollend ausgefallen und wird auch nicht durchweg objektiv und vollständig sein, denn sicher setzt man sich über die geschilderten Praktiken hinaus in der Führungsschicht der Sowjetunion nicht nur über Intrigen, sondern auch offen auseinander. In diesem Zusammenhang mag die Darstellung die Gesetzmäßigkeit verdeutlichen. Wo Menschen leben, gibt es Gegensätze, und diese werden so oder so überbrückt werden. Kissinger und Nixon, ja alle Affärenschilderungen aus den USA deuten ähnliche Abläufe der Konfliktaustragung wie in der UdSSR an, nur fällt dort der Zwang fort, nach außen stets Harmonie zu demonstrieren. Die Form der Konfliktaustragung ist letzten Endes dafür entscheidend, wie schnell ein System reagieren kann, wie kreativ es ist und ob es im Widerstreit der Interessen einen Weg findet, der dem Ganzen gerecht wird. Ist das System nicht anpassungsfähig genug, wird es schon dadurch altern und trägt damit den Kern des Untergangs in sich. Voslensky berichtet aber nichts über die Kreativität und Effektivität des Systems und seine Anpassungsfähigkeit — vielleicht sogar durch Intrigen — und läßt daher viele Fragen offen.

Organisation und Rivalität als Konfliktstoff im Sozialkörper

Der Grad der Durchsetzung eines sozialen Systems mit Intrigen bestimmt sich aber nicht nur nach den Möglichkeiten der offenen Konfliktentladung. Vielmehr sind Hierarchie und Machtverteilung für Entstehen und Ergebnis von Ränken ausschlaggebend. Aus der Organisationslehre ist bekannt, daß ein System

mühelos in der inneren Organisation so geschaltet werden kann, daß der Kampf der Kompetenz-Rivalitäten die Effektivität des Systems aufhebt. Das Beispiel (Sicherheitsberater/Außenminister: Kissinger/Rogers - Brzezinsky/Vance) aus dem politischen Geschehen der USA zeigt deutlich, wie ein System durch rivalisierende Schaltungen lahmgelegt werden kann.
Aber wenn ein noch so sorgfältiger Organisationsplan ausgetüftelt wurde, es bleiben Rivalitäten. Der Verantwortliche in Ministerium, Institut oder Unternehmen muß daher steuern und Kooperationsformen schaffen, die das Zusammenwirken verschiedener Zuständigkeiten in verschiedenen Aufgabenstellungen nicht nur zulassen, sondern auch systematisch fördern. Seit den 60er Jahren sind daher in vielen Teilen Europas sowohl bei Behörden als auch bei Unternehmen Planungsgruppen entstanden, die komplexe Fragen des Sozialsystems, sei es der Strategie, sei es der Organisation oder auch der Bearbeitung von Einzelprojekten, interdisziplinär gelöst haben, weil die Gegensätzlichkeiten — auf wenige Personen beschränkt — bei geschickter Moderation ausgeglichen werden konnten.
Das Maß der Intrige, das ein System beherrscht, bestimmt sich also auch aus der Kooperationsanbahnung durch die Führung. Hat man vielfältige Konfliktventile geschaffen, kann man sich darauf verlassen, daß das System mit den Einschränkungen, die ehrgeizigen Menschen nun einmal eigen sind, optimal arbeiten kann.

Der typische Intrigant als Verderber des Systems

Nicht nur der Bösewicht schlechthin ist mit dem typischen Intriganten gemeint, sondern auch jene „normalen" Menschen, die leicht geneigt sind, zum Mittel der Intrige in der Konfliktaustragung zu greifen. Ein solcher Mensch, in rivalisierenden Situationen mit Aufgaben betraut, in denen Friedfertigkeit das Gebot der Stunde wäre, kann zum Verderber des ganzen Systems werden. Der Leser weiß sicher aus eigener Erfahrung, daß intrigante Führer von Systemen manches Positive für den Sozialkörper bewirken können. Aber mit dem „An-die-Wand-Spielen", durch Tricks Überflügeln in der Art und Weise Machiavellis rücksichtslosen Vorgehens, wird das System von seinen Aufgaben abgelenkt. Der Sozialkörper reagiert abwehrend, denn er will nicht vorwiegend mit Tricks geführt werden. „Trickführung" wirkt in der Regel auf die Dauer vernichtend für das System. Richard Nixons Schicksal zeigt das deutlich.

So ist vor der Berufung von Menschen in schwierigen Aufgaben zu prüfen, ob sie sowohl fachlich wie charakterlich der Aufgabe gewachsen sind. Der geschickte Diplomat dürfte Spannungssituationen im komplexen System eher überwinden als der Intrigant, der aber vielleicht Anfangserfolge erzielt; schnell wird es ihm gelingen, Leute auf seine Seite zu ziehen, andere gegeneinander auszuspielen, weitere auszubooten. Aber letzten Endes wird das System reagieren: Entweder werden alle Gruppen gegeneinander stärker verspannt als vordem, oder es bildet sich eine Art Mafiasystem, also ein System der Auseinandersetzung aus dem Dunklen heraus.

„Siegfrieds" einzusetzen ist in der Regel geboten, wenn ein System einen vorwärtsdrängenden Führer braucht, dessen Charisma manche seiner Fehler leichter übersehen läßt. Besser aber noch wird der aufgeklärte Manager, der mit gruppendynamischen Problemen, sozialpsychologischen Fragen der Willensbildung aus praktischer Erfahrung und der Komplexität von Sozialkörpern umzugehen weiß, die Fähigkeit mitbringen zu integrieren. Er kann die Polarisation wenn nicht auflösen, so wenigstens nutzbar machen, die dominierenden Gruppen so lenken, daß ihr Eifer den Interessenausgleich nicht verhindert, und er wird der ewigen Eifersucht der Barone Herr werden. Das ist die beste Eigenschaft zur Führung von komplexen Systemen. Es mag sein, daß der Intrigant im System teilweise nützlich ist, aber nur, wenn für den Sozialkörper im ganzen keine Gefahr daraus entsteht.

Oft duldet ein Sozialsystem bewußt das Ergebnis von Intrigen, unter anderem auch dann, wenn ein im Sozialkörper besonders angesehener Mensch einem nicht akzeptierten Menschen, zum Beispiel einem notorischen Intriganten, unterliegt. Die Menschen ducken sich oder geben sich geduldig, um Abwehrkräfte zu sammeln. Insbesondere werden die Menschen dann aufmucken, wenn sie für sich oder das System die gefundene Konfliktlösung nicht annehmen können und Dominanz vom Intriganten droht. Ist aber das Ergebnis im Grunde akzeptabel, so wird es der Sozialkörper kaum bekämpfen; es wird klar, daß der Weg zur Konfliktlösung dem System oft ziemlich gleichgültig ist, Hauptsache ist, daß die Lösung annehmbar erscheint. Dem Intriganten kommt dabei noch der Umstand entgegen, daß Intrigenspiele für die Gesamtheit eines Sozialkörpers nicht transparent sind. Man sieht nur plötzliche Ergebnisse, kann sich aber die Zusammenhänge nicht erklären. Nur wenige Eingeweihte wissen Bescheid. Die mangelnde Transparenz macht freilich den Ränkeschmied vor der Rankün einzelner nicht sicherer.

Diplomatie und Intrige

Die Diplomatie ist von den verdeckten Konfliktlösungsarten gleichsam der artige Verwandte der Intrige, denn die reine Diplomatie bedient sich redlicher Methoden, um Gegensätze zu überbrücken. Mit dem Begriff Diplomatie soll hier aber nicht nur das weite Feld interstaatlicher Beziehungen umschrieben werden, sondern auch die vernünftige Vermittlung bei Konflikten in und zwischen Sozialkörpern, wie Behörden, Gemeinden, Unternehmungen und Familien. Die Diplomatie versucht den Konfliktgegner das Gesicht wahren zu lassen, sie ergründet durch sauber geknüpfte Kontakte die Motive für gegensätzliche Vorstellungen und vermittelt Kompromisse. Die Diplomatie setzt die besten Eigenschaften des Menschen ein, um diesen Aufgaben gerecht zu werden: seine soziale Intelligenz, sich in die Lage des Konfliktgegners zu versetzen; seine Geduld, der Willensänderung des Gegners Zeit zu lassen; seine Fähigkeit, gut zuzureden, den Gegner dabei aber nicht zu überlisten und menschliche Brücken zu schlagen oder wiederaufzubauen, wenn durch rigorosere Methoden der Konfliktlösung schon einiges Vertrauen zerstört wurde. Gewiß, die Diplomatie kann den Anschein äußerlicher Harmonie vortäuschen, wo diese in Wirklichkeit nicht besteht, aber nur zu vertrauensselige Menschen schauen nicht unter die Oberfläche. Indessen ist die reine Diplomatie ein friedliches Prinzip, das den Umgang der Menschen untereinander angenehmer macht und oft entscheidend zum Ausgleich von Gegensätzen beiträgt.

Diplomatie kann aber auch zwielichtiger gesehen werden. So schreibt W. Durant, Diplomatie sei „mit Moral bemäntelte Realpolitik“, wobei Moral wohl für äußerliches, nicht provokantes Wohlverhalten steht. Das ist die im Grunde geschönte Oberfläche einer Politik, die in Wirklichkeit realistisch in „ihren Methoden die Unverbesserlichkeit der Welt akzeptiert" (S. Haffner), aber den Ahnungslosen keinen Verdacht schöpfen läßt. Die schöne Dekoration ist, so gesehen, die absichtsvolle, vielleicht schon intrigante Tarnung des harten Pragmatismus, der praktikable Optionen und reale Faktoren eher berücksichtigt als ethische und theoretische Ansatzpunkte. Von dieser Verkleidung der Absichten ist es nur ein kleiner Schritt zum infamen Trick, zur Intrige.

Daher gibt es auch Mischformen von Diplomatie und Intrige. Der Griff zum intriganten Trick liegt verführerisch nahe, denn beide Arten der Konfliktlösung sind durch ihre Neigung zur Unauffälligkeit miteinander verwandt. So wird die geschickte Intrige stets geräuschlos und „diplomatisch" vorangetrieben, so werden in diplomatische Aktivitäten zuweilen ränkevolle Fallen eingebaut, in denen sich der Konfliktgegner verfangen soll. Sicher ist die reine Form der Diplomatie als saubere und humanere Komponente der beiden stillen Konfliktlösungsarten für den sozialen Einigungsprozeß wertvoll.

Besondere Möglichkeiten für Konfliktentladung in komplexen Systemen

Bereits im Kapitel „Die Intrige zwischen Gruppen" und im Eingangsabschnitt zu diesem Kapitel sind die Alternativen für die Konfliktaustragung, wie offener Kampf, Diskussion und Überzeugung sowie Diplomatie und Intrige, angedeutet worden. Der kluge Manager eines sozialen Systems muß sich daher sehr darum

bemühen, dem System Konfliktentladungsventile zu geben, die Konfliktaufladung nicht ungesteuert treiben zu lassen, denn dann müssen richtige Baronkriege ausbrechen, sonst wird das System durch intrigante Verhaltensweisen und durch allseitiges Mißtrauen bewegungsunfähig.
Ein bewährtes Mittel, interdisziplinäre Spannungen abzubauen, sind Konferenzen, Ausschüsse und Komitees, vorausgesetzt, die Zahl der Teilnehmer ist gering, und sie werden fair moderiert, so daß sich Interessen wirklich ausgleichen können. Eine große Zahl besonders aktueller Fragen läßt sich damit bearbeiten und fruchtbar für das Ganze erledigen. Voraussetzung dabei ist, daß nicht majorisiert wird, daß jeder ausreichend zu Wort kommt und daß die Worte nicht „bewirtschaftet" werden müssen, d. h., es kann jeder sachgerecht argumentieren. Geht die Zahl der Teilnehmer über zehn hinaus, so bedarf es der besonderen Kunst des Gesprächsführers, damit sich jeder frei äußert. Psychologisch tritt dabei erschwerend hinzu, daß die Kontrollspanne für den einzelnen Teilnehmer nicht mehr beherrschbar ist, was in der Regel schon zur Vorsicht veranlaßt. Nur unendliche Geduld, zuzuhören und andere Argumente gelassen aufzunehmen, kann dann noch eine sachliche Stimmung aufrechterhalten.
Die Gefahr, daß die Sitzung zu einem Defilee von vorfabrizierten Argumenten ausartet, die auf das aktuelle Argument des Gegners nicht eingehen, bleibt gegenwärtig.
Pascal hat in seinem Essay „Die Kunst zu überzeugen" dargelegt, daß die Menschen nur glauben, was sie mit dem Herzen wollen. Die moderne Organisationswissenschaft hat das nach Irle kälter ausgedrückt, nämlich: daß die Menschen einen Präferenzraster vor

ihren Verstand legen und Argumente daraufhin sieben, ob sie zu den eigenen Präferenzen passen oder nicht. Das muß dem Führer im Interessenausgleich klar sein, denn die härtesten Gegenargumente können dem in seinen Präferenzen verstrickten Teilnehmer nur einleuchten, wenn sein Herz dazu bewegt wird. Fühlt sich der Teilnehmer aber durch Tricks eingeengt oder überflügelt, so kann der Konferenzleiter gewiß sein, daß sich bei dieser Besprechung die „Filter-Raster" nicht verändern. Diesem Gedanken wird hier soviel Raum gegeben, weil der Beginn der Intrige oft gleich nach der unfair geführten Konferenz liegt. Die damit ausgelöste kognitive Dissonanz ist der Anstoß zur Intrige. Beobachter von Firmenkonferenzen in Japan wundern sich nicht ohne Spott immer wieder über die unendliche Geduld, mit der dort Besprechungen geführt werden, bis alle gegensätzlichen Meinungen bereinigt sind. Dies ist mit Sicherheit eine Quelle des japanischen Erfolges in der Welt, wenn soviel Zeit für die Willensbildung einer Gruppe aufgewendet wird. Gerade komplexe Probleme lassen sich so besser lösen. Wer also ausgleichen will, muß faire Besprechungen führen und geduldig überzeugen. Sicherlich hilft vorbildliches Verhalten des Managements, nämlich jedem klarzumachen, daß Intrigen zu den unfeinen Verhaltensweisen gehören und als Foul gewertet werden. Bereits ein offener Appell, „nicht gegeneinander zu intrigieren", kann das Signal dazu setzen. Wirksam wird das aber erst, wenn man der Konfliktaufladung nicht nur als *Vorbild* und verbal entgegenwirkt, sondern auch dadurch, daß man modernen Methoden z. B. des sogenannten „Entscheidertrainings" Raum gibt. Die Vertreter dieser Idee, eines Planens jenseits der Barrieren zwischen Menschen, gehen davon aus, daß es nirgendwo bessere Kenner der Sachprobleme eines Systems gibt als im System selber. Beratung von außen sei vergeblich, weil sie noch mehr Widerstände im System erzeuge. Vielmehr müsse man diese widerstreitenden Meinungen mit gruppendynamischen Methoden transparent machen und die Gruppe so moderieren, daß auch der letzte Widersacher in der Gruppe sich überzeugen lassen will. Die Verfechter sagen: Gewiß, die Tatsachen sind komplex, aber was die Probleme verschlimmert, sind die eifernden, miteinander zerstrittenen Menschen. Sie zu einer gegenseitigen, neuen Zielorientierung zu bringen, dafür wurde diese Methode entwickelt.

Krönung der Methode ist ein umfassendes Forum der Spitzen des gesamten sozialen Systems, ein Informationsmarkt, wo wie im alten Athen jeder in den Grenzen der Agora „straffrei" seine Meinung sagen kann. Als glücklich sei der Manager eines Systems gepriesen, der seiner Gemeinde von Menschen eine solche Möglichkeit im freien Widerstreit der Meinungen beschert. Nicht nur, weil er Freiheit gibt, sondern auch, weil er Mißverständnisse, Rivalitäten und mangelnde Zielorientierung auflöst und so einen ansehnlichen Teil an Konfliktstoffen geradezu vernichtet. Warum also interministerielle Kämpfe, warum bürokratische Kriegsführung, wenn „Taskforce"-Lösungen, Entscheidertrainings oder Informationsmärkte zu rascheren Ergebnissen mit größerer Akzeptanz führen?

Auf die Dauer kann nur jener Sozialkörper im Wettbewerb der Kräfte bestehen, der kreativ seine Funktionen im übergeordneten Gesamtsystem erfüllt. Dafür braucht der Sozialkörper ein Willensbildungssystem, das den Aktiven wirksam vor den Quertreibern schützt, eine effektive Arbeit und schnelle Reaktionen gestattet. So mancher Sozialkörper ist untergegangen, weil er mit zu vielen Friktionen im Inneren zu kämpfen hatte. Der Widerstreit der Meinungen, die Polarisation zwischen dominanten Figuren oder Gruppen, in offenen Auseinandersetzungen und Intrigen gipfelnd, kann ein System umbringen, wenn nicht ein überlegenes Kommunikationssystem die zügige Willensbildung ermöglicht. Die Analyse in Voslenskys „Nomenklatura" läßt z. B. die Frage offen, wie effektiv oder — anders ausgedrückt — mit welcher Friktion das russische System arbeitet, um den essentiellen Fragen der Sowjetunion gerecht zu werden. Daß das westliche System offener arbeitet, ist klar, aber ob es mit weniger Friktion in der Entscheiderschicht zur schnelleren Willensbildung führt, ist fraglich. Daß aber die Akzeptanz der Entscheidungen im Westen größer sein kann, scheint gewiß. (Hierin liegt für östliche Führungen die wirkliche Gefahr, nämlich die Akzeptanz der Entscheidungen im Volke stets mit Propaganda färben zu müssen. Die Verläufe in Polen, Ungarn und der Tschechoslowakei zeigen, daß hier der Konfliktstoff für Umwälzungen von innen liegt.)

Konfliktfähigkeit und Konfliktwilligkeit

Betrachtet man frei nach Heraklit den Konflikt im Sozialkörper als den Vater des Fortschritts, so wird offenbar, welchen Vorteil es für eine Gesellschaft hat, zur Lösung von Konflikten besonders vorbereitet und begabt zu sein. Diese Voraussetzung kann in Einrichtungen wie freien Parlamenten, in der Formung einer wirklich freien Agora wie im alten Griechenland oder in besonderen Diskussionsformen wie zum Beispiel dem „Entscheidertraining" gegeben sein. Sie kann aber auch in einer kulturell bedingten, außerordentlichen Veranlagung bestehen, leichter vom Konflikt

zum Konsens zu finden, wozu englische Disziplin Talente zu vermitteln scheint. Dazu gehören auch Beispiele wie die der Japaner, deren Tradition der Gruppeneinigung einen hohen Rang einräumt.
Es wurde schon dargelegt, daß die Art des gesellschaftlich geforderten Wohlverhaltens bei glatter Oberfläche und die Dichte der Konfliktstoffe die Formen und den Grad bestimmen, wie die Auseinandersetzungen unter der Oberfläche ablaufen. Sind Voraussetzungen und Befähigung zur Konfliktlösung im offenen Wege gering, so wird der Kampf um so stärker aus der Deckung heraus ausgetragen. Schon in Athen, Rom, Venedig oder Versailles pflegte das so zu sein. Nur heute sind die Probleme komplexer; die Konfliktdichte, der zum Beispiel das Parlament eines freien modernen Staates gegenübersteht, führt zu einer schier unüberschaubaren Komplexität. Es ist daher kein Wunder, daß härtere Bandagen zum Kampf aus der Deckung heraus gewählt werden. Der Stil der Konfliktaustragung wirkt oft abstoßend. Der Sozialkörper schlittert leicht in den Konflikt hinein, kann sich aber mangels besserer Fähigkeiten zur Konfliktlösung nur schlecht wieder befreien. Das führt zu einem selektiven Verhalten gegenüber Konfliktstoffen und zu einer eingeschränkten Konfliktwilligkeit, zur Tendenz, die schwelenden Themen auf die lange Bank zu schieben oder unter den Teppich zu kehren.
Sozialsysteme, die rasche Fortschritte erzielen wollen, müssen einen hohen Grad an Konsensus bewirken und die soziale Intelligenz der Gemeinschaft fördern. Diejenigen Gesellschaften, die die Grammatik der Konfliktlösung am besten beherrschen, werden immer im Vorteil sein. Intrigant bewirkte Konfliktlösungen bergen oft die Gefahr in sich, nicht akzeptiert zu werden, können jedoch manchmal die „glänzende Lösung“ sein.

Große Sozialkörper in der Wirtschaft versuchten früher, mit soliden Machtmitteln ihre Konflikte zu lösen. Man achtet aber heute mehr und mehr auf Akzeptanz, und Machtmaßnahmen werden geschickter verkauft, um nicht durch kognitive Dissonanz eine Welle von Intrigen auszulösen. Große Firmen können ohne solide Konfliktlösungsmechanismen regelrecht lahmgelegt werden. Daher pflegt modernes Management den Konsensus mit besonderer Sorgfalt.
Freie Parlamente stehen vor dem Problem, die Mehrheit und die Überzeugung des einzelnen miteinander zu koordinieren. Der politische Kampf im Parlament verlangt an sich kein Wohlverhalten an der Oberfläche; dennoch ist der Verhau der dichtverwobenen Fragen so undurchdringlich, die Machtmittel des einzelnen so gering, daß erzwungener Konsensus durch Fraktionszwang das einzige Mittel ist. Parlamente sind also recht grob arbeitende Konfliktlösungsmaschinen. Daher wird im großen Maße aus der Deckung heraus gekämpft. Der Untergrundkampf im Staat, in Unternehmen, in allen größeren Sozialkörpern ist die Fortsetzung der Konfliktlösungsversuche „mit anderen Mitteln", wenn offene Methoden keinen Erfolg versprechen. Diese Kampftricks sind rigoros und intrigant: Desinformation und Indiskretion, die notorischen Methoden wie Durchsickernlassen vertraulicher Informationen, Mithören von Telefongesprächen, Bandaufzeichnungen, Fotokopien, Druckmittel, Achillesschüsse auf alte SA-Leute, Bonapartisten, Jesuiten, Monarchisten und so fort. Da gibt es das breite Feld der Kooperation von Enthüllungsjournalisten und Insider-Informanten, die für sich in Anspruch nehmen, moralisch zu handeln und der Gesamtheit zu nutzen: Watergate, Publikationen über Carters's „briefing books" im Reagan-Stab, Artikel über noch

nicht entschiedene Justiz-Fälle. Hier sollen unterdrückte Wahrheiten ans Tageslicht befördert werden, aber auch als intrigante Waffe gegen Konfliktgegner wirken. Pressefreiheit ermöglicht diese Waffe, die die Konfliktfähigkeit in Grenzen verbreitert.

Wenn die Gesellschaft diesen Gegebenheiten bewußter und aufgeklärter gegenübersteht, dann besteht die Aussicht, daß das äußere Rüstzeug zur Konfliktlösung besser gestaltet wird und die Gaben zur Konfliktfähigkeit und Konfliktwilligkeit, sei es Gelassenheit, Friedlichkeit, Duldsamkeit, Offenheit, Zivilcourage und wirklicher Überzeugungswille, stärker gefördert werden. Es ist nicht hilfreich, den infamen Trick empört und wortreich zu ahnden, aber keine besseren Möglichkeiten zum „sozialen Stoffwechsel“ im Hin und Her der Konflikte zu schaffen. Voslenskys „Nomenklatura“, Brzezinskis „Power and Principle“, Kissingers „Memoiren“ oder Bismarcks „Gedanken und Erinnerungen“ sind Zeugnisse über die enormen Friktionen in Entscheidungskämpfen mangels besserer Konfliktlösungs-Mechanismen.

Es bleibt die Frage, ob man eine realistische Aussicht hat, die verschiedenen Wege zur Überwindung der Gegensätze stückweise zu verbessern, wie es große Sozialsysteme in der Wirtschaft offensichtlich geschafft haben, oder ob die politische Willensbildung der „modernen“ Staaten ewig gestrig bleiben will.

An dieser Stelle lohnt ein Blick auf die Funktion der Medien, die der Öffentlichkeit die Konfliktstoffe zur Bewältigung vermitteln. In der Einrichtung freier Medien zeigt sich eine hohe Konfliktwilligkeit des Sozialkörpers; wenn man das Wort Heraklits auch in diesem Zusammenhang gelten lassen will, ist es für die Fortschrittsfähigkeit des Systems entscheidend, ob das Sozialsystem die dargebotenen Konflikte gut bewältigt.

Aber die Medien offenbaren der Öffentlichkeit nicht nur die Konflikte, sondern sie steigern diese Konflikte, wie es Helmut Schelsky in „Politik und Publizität" beschreibt, durch die Vielfalt der Darstellung zu „gordischen Knoten". Diese unverdaulichen Komplexe werden besonders dann geschaffen, wenn ein Teil der Medien eine Art Massenhysterie auslöst. Die für die Konfliktbewältigung kostbare Medienfreiheit kann in solchen Fällen paradox wirken, nicht mehr als Wohltat, sondern als Plage im Sozialkörper.

Der Skandal ist ein Spezialfall unter den Konflikten: Ein Intrigant wurde überführt, ein Minister wurde bestochen, ein Geheimdienstchef hat ein Verhältnis mit seiner Sekretärin, oder eine Vestalin wurde entjungfert. Hier weist Christian Schütze in „Die Kunst des Skandals" auf die Reinigungsfunktion der Skandalbewältigung hin. Wie der betroffene Sozialkörper seine Wertordnung aufrechterhält und diese Konflikte löst, ist entscheidend:

Unlösbares wird vertuscht, Lösbares mit allen Schattierungen von der gesellschaftlichen Exekution bis zur Verzeihung in Ordnung gebracht. Entscheidend bleibt die Fähigkeit des Sozialkörpers, nicht nur den Skandal aufzudecken, sondern aus ihm wieder herauszukommen: sei es mit Intrigen, mit Diplomatie oder allen möglichen Mischformen.

Ein Blick in die Geschichte der Halsbandaffäre zeigt, wie verhängnisvoll dabei Fehler sind: Die öffentliche Brandmarkung und Auspeitschung der Gräfin de la Motte machten die überführte Delinquentin zum Opfer des verhaßten Regimes. Aber wie gnädig vergißt eine willige Öffentlichkeit, wird ihr nur das Ritualopfer gekonnt dargeboten: So wirkte jedenfalls der hingebungsvolle Sozialdienst von Profumo nach seiner Entlassung als britischer Verteidigungsminister.

In dem Buch „In Search of Excellence" versuchen die Autoren, die Ursachen der Prosperität einiger Weltunternehmen darzustellen. Sie schildern diese vorwiegend amerikanischen Wunderkinder in vielen Kategorien und spüren den Lehren aus ihrer „Excellence" nach. Nur, der Versuch krankt an derselben Schwierigkeit, dem die Darstellung der Reize schöner Damen durch exakte Auflistung von Maßen und Eigenschaften begegnen würde. Dabei ist es verwunderlich, daß in dem ganzen Buch nicht ein einziges Mal die Frage gestellt wird, wie diese Unternehmen ihre Intelligenz organisiert haben, damit sie zu außergewöhnlichen Leistungen fähig sind. Gewiß, sie haben alle ihre konsequente, auf die Unternehmensziele zugeschnittene Strategie, aber das ist doch nicht alles.
In „In Search of Excellence" wird die Leistung des Unternehmens immer noch als Leistung von Führern und Individuen verstanden. Das ist eine sehr amerikanische Auffassung; die Erkenntnisse über den sozialen Stoffwechsel im Unternehmen sind aber weiterführend. Gerade die Auffassung des Systems als Sozialkörper führt zu einer neuen Sicht, wie die Intelligenz der Gemeinschaft zu organisieren ist. Die Beschreibung des individuellen Verhaltens der Bienen ist unvollständig, wenn man nicht auch den Bienenstock als Ganzes schildert. Der Bienenstock ist nicht nur ein Integral von Bienen, sondern ein Sozialsystem, das höheren Gesetzen folgt. Dies gilt im übertragenen Sinne auch für Menschen und ihre Gruppen, und seien sie noch so gut geführt.
Bestimmt weisen die exzellenten Unternehmen nicht immer ein *bewußtes* System auf, wie sie ihren Willensbildungsprozeß als Ganzes gestalten. Sie haben aber si-

cher ein solches System, und darüber möchte man mehr erfahren. Nur der Abschnitt „Man waiting for motivation" zeigte mit folgender Passage eine Andeutung dieser Fragen. „*Führung hat viele Seiten. Es ist geduldige, gewöhnlich langweilige Koalitionsanbahnung. Es ist zweckvolles Aussäen von Kabalen, von denen man hofft, sie werden eine geeignete Entwicklung in den Weiten der Organisation hervorrufen." (Leadership is many things. It is patient, usually boring coalition building. It is the purposeful seeding of cabals that one hopes will result in the appropriate ferment in the bowles of the organization.)*

Sozialkörper gebrauchen zur Konfliktbewältigung andere Werkzeuge als Individuen. Die Nutzung der Effekte gruppendynamischer Gesetze, ja der Einsatz von regelrechten „Sozialarchitekten", das Bewußtsein über die „Geisteskrankheiten" von solchen Organisationen und die Schulung zur Wahl des richtigen Konfliktwerkzeuges — das ist erfolgsbestimmend für ein Sozialsystem. Sei es das Öl der Anerkennung für Gruppen in der Friktion des Getriebes, sei es die Öffnung der Informationsschranken zur Verkleinerung des blinden Fleckes im JOHARI-Fenster, sei es regelrechtes gruppendynamisches Training, um nur wenige Beispiele anzuführen. Die wohlverstandene Anwendung dieser und vieler anderer Werkzeuge führt zu einer Optimierung des Sozialsystems und wird die Kreativität der Gemeinschaft fördern.

Gerade über die Konflikte und deren Überwindung, die jeder Richtungskampf und jede Ausführung von strategischen Vorhaben mit sich bringen, erfährt man im zitierten Buch nichts. Offenbar ist aber gerade die gute Lösung dieses Problemfeldes erfolgsbestimmend. Große Unternehmen können durch Selektion sicherlich mit Glück und Methode einen Intelligenzgrad der

Mitarbeiter erreichen, der über dem Durchschnitt der Bevölkerung liegt. Aber natürlich kann man die Intelligenz eines Sozialkörpers nicht als das Integral aller individuellen Intelligenzquotienten auffassen. Man weiß auch, daß einige große Unternehmen schneller in der Aufnahme neuer Ideen und effektiver auf die rasche Erfahrungsverarbeitung eingestellt sind; sie reagieren wesentlich anpassungsfähiger, sind wirkungsvoller auf Innovation getrimmt, gehen mit den Ideengeneratoren aufnahmefreudiger und mit den Unruhestiftern geduldiger um, vor allem haben sie eine geringere Friktion als andere Unternehmen mit gleichem durchschnittlichen Intelligenzquotienten der Mitarbeiter. Der Sozialkörper ist eben bewußter auf „Intelligenz" ausgerichtet, und das nicht nur mit dem überall aufgehängten Schild „Denke"; es ist eine Führungsleistung mit gutorganisierter, angewandter Sozialpsychologie, mit tadellos beherrschter Grammatik der Konfliktlösung, die es fertigbringt, die Gehirne gleichsam zu einem Großhirn zu vereinigen.
Die Verkehrsordnung dieser Gehirne, ja sogar die Moral im Sinne einer Geschäftsordnung des Anstandes, des Eifers und der Eifersucht, der Duldsamkeit und des positiven Gruppenbewußtseins in den Herzen der Menschen spielen dabei eine entscheidende Rolle.
Sie erreicht mit dieser Organisation des gegenseitigen Vertrauens trotz der allgegenwärtigen Hemmnisse des Mißtrauens, des Gruppenübereifers und der rivalisierenden Kompetenzen eine gewisse „high-fidelity", die große gesellschaftliche Leistungen ermöglicht.
Intrigen müssen ein solches Sozialsystem nicht verderben. Sie können abgefangen werden. Sie können sogar nützlich sein. Ist der Sozialkörper aber nicht auf Konfliktbewältigung ausgerichtet und steht er vor schweren Konflikten, so kann ihn bereits eine entscheidende

Intrige wie eine Querschnittslähmung treffen, kann ihn konfus reagieren lassen, kann ihn regelrecht dumm machen.
Andererseits müssen sich gerade große Sozialsysteme — Behörden wie Unternehmen — mit notwendigerweise festgefügter Organisation durch informelle Kommunikation aus den Zwängen der Struktur befreien. Hier wird auch die Intrige eine Rolle spielen. Gelingt es dem System, die giftigen Nebenwirkungen der Intrige zu begrenzen, so kann sie die Flexibilität des Systems unterstützen.

Eine Gesellschaft „frei von Intrigen"

Ist es möglich, daß sich Menschen und Gruppen frei von Intrigen auseinandersetzen? Was geschieht, wenn Menschen sich rückhaltlos die Wahrheit sagen?
Wer der Analyse bisher gefolgt ist, wird nun zögern, da man unverhofft auf utopischem Gebiet steht. Grenzüberlegungen haben indessen den Vorteil, durch ihre Übertreibungen die wirklichen Verhältnisse und Funktionen plastisch hervorzuheben. Man kann sich durchaus vorstellen, daß es gelingt, einen Sozialkörper konfliktfrei zu organisieren und mit vorwiegend friedlichen Menschen zu besetzen. Aber: Nur einen Augenblick wird dieser Zustand bestehen, denn schon haben sich Proportionen verändert, Interessen verschoben und neue Intrigen ergeben, weil „alles fließt".
In der Organisation der Wirklichkeit hat man also Kompromisse zu schließen, hat zu versuchen, die Menschen wenigstens konfliktarm zueinander zu ordnen. Eine Organisation ist dann gut, wenn sie den Zielmaximen folgt und *überwiegend* richtig geordnet ist.

Konfliktarmut in rivalisierenden Kompetenzen oder wenigstens die Entwicklung geeigneter Konfliktlösungsmethoden muß eine Maxime sein.
Im täglichen Leben kann man durchaus Familien, Abteilungen in Instituten, Behörden und Unternehmen beobachten, in deren Alltag wenig Konflikte vorherrschen und die ihre Probleme ohne Intrigen lösen. Sind aber die Gärstoffe stärker konzentriert, drücken auch die Konflikte intensiver auf das soziale Verhalten in Richtung trickreicher Lösungen. Aber wenn ein solcher Sozialkörper mit intensiver Konfliktaufladung beschließen würde, keine Intrigen mehr hinzunehmen, sondern alle Konfliktstoffe nur noch offen zu lösen, was würde geschehen? Die Menschen müßten einander offen die Wahrheit sagen, was bedeutet:

— Die Meinungsverschiedenheiten prallen frontal gegeneinander,
— disharmonierende Pläne treten offen zutage,
— Antipathien werden klar ausgesprochen,
— es gibt nicht genügend Zeit, alle Probleme auf einmal zu lösen,
— bei Gedankenvorbehalten ist alles vergeblich.

Konflikte brauchen zur Lösung oder Heilung Zeit. Werden sie im Augenblick des Entstehens offenbar, hat das Sozialsystem nicht genügend Zeit, den Heilungsprozeß zu vollziehen. Die Wahrheit und den Konfliktstoff nicht sofort offen beim Namen zu nennen, ist eine soziale Schutzfunktion, die es den Menschen ermöglicht, sich die Wahrheit gegenseitig in kleinen, verträglichen Dosen beizubringen und sich eher überzeugen zu lassen. Nach Pascal nehmen die Menschen nur das auf, was sie mit dem Herzen glauben wollen. Der Überzeugungsprozeß ist entscheidend erschwert, wenn der Wahrheitsspieler auf jedes noch so schmackhafte Argument für den Überzeugungsgegner zu verzichten hat, weil doch Wahrheit Manipulation verbietet. Das Wahrheitsspiel stoppt also den Überzeugungsprozeß und läßt die Gesellschaft auf der Stelle treten. Es ist zu erwarten und zu befürchten, daß die Menschen im Wahrheitsspiel nicht nur gegenseitig ihre menschlichen Eitelkeiten fortwährend verletzen, sondern daß sie Aggressionen auslösen. Ein Kampf jeder gegen jeden würde letztlich die Folge sein.

Sind aber kleine Vorbehalte erlaubt, die Wahrheit zu verschleiern, so läßt sich das nur wenig einschränken, und der Griff zum intriganten Trick liegt verlockend nahe. In welchem Maße davon Gebrauch gemacht wird, hängt von der Konflikthäufigkeit, der Konfliktaufladung und von der Anbahnung anderer offener oder diplomatischer Konfliktlösungsmöglichkeiten ab. All das Bemühen zum Wohlverhalten der Individuen in einem Sozialkörper wird zunichte gemacht, wenn ein Mensch darunter ist, der in die intrigante Trickkiste greift, denn dann werden viele zum Trick greifen.

Man sieht, daß bei totaler Offenheit die Konfliktlösung erschwert wird, weil Ängste und Aggressionen durch das Wahrheitsspiel nicht geringer, sondern im Gegenteil verstärkt werden. Gerade diese hemmen den Ausgleich, wenn der Konfliktstoff besonders drückend ist. Das Wahrheitsspiel verbaut indessen auch die verdeckten Möglichkeiten der Diplomatie und der Intrige und läßt nur die offenen Kampfarten zu. Die Verschleierung der Absichten hat also eine soziale Funktion, da sie den Aufbau von aggressionsbedingten Kommunikationsschranken verhindert. Dieser Widerspruch ist aus dem sozialpsychischen Verhalten des Menschen zu erklären. Der Rückhalt der Gedanken aber, ja ihre Tarnung ist auch die Tür zum intriganten Strategem. Von hier ist es nur noch ein kleiner Schritt zur Intrige. Wenn aber das Wahrheitsspiel zum Chaos führt, weil die Menschen die Wahrheit zur Einigung nicht immer vertragen, so führt neben der Diplomatie als verdeckter Lösung von Konflikten, die nicht immer möglich ist, nur noch die Intrige weiter. Diese soziale Funktion in Systemen macht die Intrige zu einem Mittler, zu einem Ferment, also zu einem Prinzip in der Konfliktbewältigung. Das ist eine Erkenntnis, die besonders für den niederschmetternd sein muß, der die Intrige moralisch ablehnt.

Die Wahrheitsregel bleibt also Utopie. Die Verschleierung erlaubt es dem Menschen, Tatsachen rosiger zu sehen, als sie sind. Er glaubt sich vor Angriffen sicher und präsentiert auch sich selbst als harmlos. Der Mensch scheint äußerlich beruhigt. Er bewegt für sich seine eigenen geheimen Vorbehalte und Pläne, und der eine oder andere setzt zuweilen intrigante Tricks ein, um sich besser durchzusetzen. Alles läuft äußerlich friedlicher und harmonischer ab als nach dem Wahrheitsspiel. Der Mensch braucht die Illusion des Friedens an der Oberfläche, um sich überzeugen zu lassen — oder in die Irre geführt zu werden. Diese sicher eingegrenzte soziale Funktion der Verschleierung ermöglicht die Intrige, ja führt die Intrige selbst zu einer sozialen Funktion. Der Widerspruch von Realität und Moralität der Intrige liegt hier offen — und das ist das Hauptproblem dieser Analyse.

Versuch über die Moral der Intrige

„Möchte der Streit nur unter den Göttern und Menschen vergehen und der Zorn, der den Menschen selbst zum Bösen erbittert, der, viel süßer als mild heruntergleitender Honig, bald in der Männer Brüsten erwächst wie dampfendes Feuer."
Homer/Ilias

Egon Friedell hat in seiner „Kulturgeschichte der Neuzeit" die Immoralität von Machiavellis „Der Fürst" als eine Erscheinung der Renaissance dargestellt. Machiavelli habe seinen typischen Fürsten geschildert, wie „der Zoologe (auch) über Haifisch, Königstiger und Kobra nicht aburteilt". Der Charakter dieser objektiven Darstellung von Politikern durch den erfahrenen Politiker Machiavelli hat viele Autoren von Friedrich dem Großen bis Rudolf Augstein beschäftigt. Da sich aber seit Machiavellis „Der Fürst" und Kants „Kritik der praktischen Vernunft" die Sozialwissenschaften entwickelt haben, ist heute die Erkenntnis einzuschließen, daß Moral eine soziale Schutzfunktion hat. Das heißt, würde Machiavelli seine Analyse als Sozialwissenschaftler in heutiger Zeit geschrieben haben, so hätte er vermutlich ein Kapitel hinzugefügt, das sich mit der sozialen Zweckmäßigkeit von moralischen Handlungen des Staates auseinandersetzt, so wie er bereits um 1500 den Fürsten nahelegte, nicht die Frauen seiner Untertanen zu schänden, weil das die Bürger nie vergessen würden.
Immerhin hat aber Machiavelli die Moralfrage in seinem Kapitel „Von den Eigenschaften, die den Menschen und insbesondere den Fürsten Lob oder Tadel eintragen" berührt. Es schien ihm richtiger, sich „an

die tatsächliche Gestalt der Dinge zu halten als an ein Phantasiebild". So richten sich seine Gedanken auf das zweckmäßige, nicht das moralische Handeln. Zweckmäßigkeit bedeutet hier unmittelbar den Zielen dienend; die Schutzfunktion der Moral für das Volk greift in der Regel nur mittelbar und langfristig wirksam ein. Machiavelli glaubt nicht an die Zweckmäßigkeit, „gut zu handeln", und schreibt:
„Denn zwischen dem Leben, wie es ist und wie es sein sollte, ist ein so gewaltiger Unterschied, daß, wer das, was man tut, aufgibt für das, was man tun sollte, eher seinen Untergang als seine Erhaltung bewirkt; ein Mensch, der immer nur das Gute tun wollte, muß zugrunde gehen unter so vielen, die nicht gut sind. Daher muß ein Fürst, der sich behaupten will, auch imstande sein, nicht gut zu handeln und das Gute zu tun und zu lassen, wie es die Umstände erfordern."
Diese bitterwahre Aussage entspricht allgemeiner Erfahrung — so ist das tägliche Leben. Wie soll da von einer sozialen Schutzfunktion der Moral gesprochen werden können, wenn gutes Handeln so wenig bewirkt? Damit die Gemeinschaft der Menschen untereinander funktioniert, braucht der Mensch doch sittliche Maximen für sein Handeln, denn wenn alle Menschen schlecht handelten, müßte das Chaos herrschen, wäre soziales Leben unmöglich. Wann aber glaubt der Mensch diese Sittenordnung verletzen zu dürfen? Machiavelli sagt, man stoße fortwährend auf schlechte Menschen, daher müsse man auch selbst „zweckmäßig" handeln. Das entspricht der heutigen Erfahrung und widerspricht der christlichen Sittenlehre, die die (beschämend) gute Tat als Antwort auf die böse Tat fordert.
Wie kann aber die Gemeinschaft trotzdem funktionieren, obwohl ein großer Teil der Menschen der Erfah-

rung folgt, daß gutes Handeln nicht immer erfolgreich ist? Es ist modisch geworden, rechtzeitig im Gespräch Machiavelli zu zitieren, um darauf hinzuweisen, daß man den Herausforderungen des Lebens nicht naiv gegenübersteht, denn das Leben vergebe keine Schwächen. Welches System wenden die Menschen an, um mit diesen Widersprüchen fertig zu werden und das gesellschaftliche Leben dennoch funktionieren zu lassen?

Über Moral muß diese Analyse eine funktionalistische Auffassung vertreten, und sie nimmt unsere Ethik nach Kant als eine Art Geschäftsordnung, mit der die Menschen ihr Sozialsystem vernünftig gestalten. Damit Moral das Gemeinwesen schützen kann, lautet der kategorische Imperativ nach Kant: „Handle so, daß die Maxime deines Willens jederzeit zugleich als Prinzip einer allgemeinen Gesetzgebung gelten könnte." Also folgt auf die Frage „Darf ich intrigieren?" die Frage „Was geschieht, wenn ich intrigiere und somit alle anfangen zu intrigieren?". Der Leser kennt besonders aus den Kapiteln „Der Intrigant" und „Die Intrige als Form des Konfliktlösungsverhaltens in der Gesellschaft" die sich aufschaukelnd verstärkende, lawinenartige Wirkung nur einer Intrige in einer konfliktgeladenen Gesellschaft. Die ganze Atmosphäre wird sozial vergiftet und eine Einigung durch Überzeugung unmöglich gemacht — es gibt dann nur Sieg oder Niederlage. Andererseits wiegt die Erkenntnis des vorigen Kapitels schwer, daß Ränke eine soziale Mittlerfunktion haben kann, daß sie als Ferment oder als Prinzip des sozialen Stoffwechsels wirkt. Ein Prinzip, das vermittelt, kann doch nichts Unmoralisches sein. Es kann aber keinen Zweifel geben, daß das Sittengesetz die Intrige verwirft. Mit diesem Widerspruch hat man sich auseinanderzusetzen.

Das Sittengesetz regelt die Pflichten zwischen Menschen, die aus Achtung und teilweise gegen die bloße Vernunft zu befolgen sind. Nach der Lehre Kants ist nichts moralisch, was nicht um der bloßen Vernunftgebote oder -verbote getan oder unterlassen wird. Wie ist dieses absolute Gesetz, das überall und ohne Ausnahme gilt, auf Intrigen anzuwenden? Im vorigen Kapitel mußte die klare Erkenntnis gewonnen werden, daß die Intrige eine soziale Funktion haben kann - ist sie also vernünftig?
Man darf die Morallehre von Kant nicht modifizieren, auch nicht mit der heutigen Neigung, Moralgesetze zu relativieren oder zweifelhafte Handlungen durch soziale Betrachtungen moralisch aufzuwerten. Rainer Döbert weist auf das Beispiel der Witwenverbrennungen in Indien hin und berichtet über Meinungen, daß man diese Sitten nur „aus dem Lande heraus" verstehen könne. Dem hält Döbert entgegen, daß die Sittengesetze aller Völker gegenseitiges Töten verhindern sollen und daher universale und absolute Geltung haben müssen.
Wenn aber doch die Intrige in einigen Fällen Konflikte ausgleicht — wie kann sie in diesen Fällen unmoralisch sein? Ist eine „Metamoral" denkbar, eine Art Gewissensnotstand? Hier knüpfen die Gedanken wieder an den dargelegten Widerspruch zwischen der Forderung der Menschen einerseits nach sittlichem und andererseits zugleich zweckmäßigem Handeln an. Unser Rechtssystem kennt die Güterabwägung: Das niedere Rechtsgut darf verletzt werden, wenn ein höheres Rechtsgut dadurch unversehrt gerettet werden kann. Aber das Rechtssystem vergibt nur das Unrecht am niederen Rechtsgut. Der Gedanke des rechtfertigenden Notstandes führt nur zu einer Entschuldigung, nicht zu einer moralischen Rechtfertigung.

Die Menschen kennen Notlügen, sind also auch Notintrigen denkbar? Darf der Manager, Beamte und Familienvater zur Intrige greifen, wenn er glaubt, daß er damit ein höheres Gut, z. B. das Wohl der Firma, rettet oder die Kaltstellung eines Systemfeindes sichert? Unsere Moralgesetze sagen dazu klar: Nein! Wenn der Mensch aber doch intrigiert, so hat unser ethisches System die Entschuldigungsmöglichkeit. Das heißt, das Unrecht, das der Intrigant auf sich genommen hat, muß er mit einem rechtfertigenden Grund von sich nehmen lassen, sich entschuldigen können; und es ist gewiß nicht genug, daß er selbst für sich eine Entschuldigung findet, die Gründe müssen auch für andere akzeptabel sein.
So kann man auch den Schlüssel zu einigen Gewissensfragen finden. Unser Sozialempfinden entschuldigt die verzweifelte Tat eines Entrechteten, des kleinen Mannes in der Qual des Berufskampfes, eines Unterlegenen, eher als die böse Tat des Machthabers, der noch ein Quentchen Erfolg haben will.
Damit soll aber nicht einem uferlosen Machiavellismus das Wort geredet werden, einem „right or wrong, my country“ oder einer „Das-kommt-darauf-an-Moral“. Unser ethisches System läßt sich nicht relativieren. Trotzdem sollte sich der Leser daran erinnern, daß das Recht/Unrecht-Denken des Abendlandes — in Asien steht bekanntlich die Harmonie im Vordergrund der Sittengesetze — ohne die Ent-Schuldung nie ein sozial funktionierendes Moralsystem sein könnte. Die Frage, wieweit man bereit ist, das Unrecht zu vergeben, ist eine ethische Frage, die aus unserem auch sozial modifizierten Moralempfinden heraus beantwortet wird. Die Rangordnung des Unrechts ist also nicht die entscheidende Frage dieses Kapitels, sondern die Rangordnung unserer Rechtfertigungsgründe. Welche

gelten letzten Endes, welche läßt der kategorische Imperativ zu, wenn man ihn als eine Vernunftregel zwischen Menschen auffaßt?

Da das strenge Recht/Unrecht-System des Abendlandes nur mit dem Rechtfertigungs- und Entschuldigungssystem sozial funktionsfähig werden kann, hat das zu einem oft grenzenlosen Machiavellismus geführt, mit dem alles begründet wird, was vordergründig als Pragmatismus, Realismus, Realpolitik oder „kraftvolles und folgerichtiges Handeln" hingestellt wird. Pragmatismus ist eben doch keine Rechtfertigung.

Bis hier hat der Leser die Stellung der Einzelintrige im Sittensystem verfolgt. Aber er mag sich fragen, wie die Intrige des einzelnen zu beurteilen ist, wenn ein ganzer Sozialkörper von Intrigen verseucht ist und der einzelne einfach mitmachen muß. Hier sind zwei psychologische Phänomene zu beachten. Bereits im Kapitel „Die Intrige zwischen Gruppen" wurde dargelegt, daß die Gruppe oft eine höhere Risikobereitschaft zeigt. Weiter weist Rainer Döbert auf Experimente in den USA hin, in denen Versuchspersonen für Fehler mit Elektroschocks bestraft wurden; nur die Stärksten brachen den Versuch ab, die Schwachen machten weiter mit: Mitläufertum und Anpassungsverhalten unter hierarchischem Druck zeigen in diesem Versuch, was man zu erwarten hat, wenn ein System verseucht ist.

Hier ist es Zeit, den Führungen der Systeme, Beamten oder Management, Geistlichen oder Familienvätern, den „Geschäftsführern des Weltgeistes", die Frage zu stellen, wie es zu bewerten ist, wenn ein Führer einen Sozialkörper in einem so traurigen Zustand beläßt, die Menschen in dauerndem Hader hält und den Sozialkörper durch große Friktionen von Intrigen in der Leistungsfähigkeit mindert? Oder ist die Einzelintrige, derer sich der Mitläufer in einem solchen System bedient, noch strenger zu bewerten? Diese Fragen sollen den Leser nur auf die Widersprüchlichkeit unserer sittlichen Wertungen hinweisen: Verurteilt wird heute noch immer der Einzelintrigant, nicht der „unschuldige" Verantwortliche für eine zerstrittene menschliche Gemeinde. Daher sollte sich endlich ein Gefühl entwickeln, daß es wertvoll ist, dem Menschen bessere Kommunikationswege zu schaffen, zum freien Meinungsaustausch zu führen, ihn nicht mehr in konfliktgeladene Situationen zu pferchen und ihn vom Prinzip Intrige wegzuleiten.

Da der Mensch weiter versuchen wird, in den immer komplexeren Konfliktsituationen einen Vorteil auf schlaue Art bequemer zu erreichen, wird es stets ein großes Maß von Intrige geben. Die Intrige ist mit dem Teufel im Menschen untrennbar verbunden. Sie hat als Sünde eine soziale Funktion im Sinne eines Prinzips. Manchmal wird die Wertordnung bereit sein, diese Sünde zu verzeihen.

Erläuterung einiger Begriffe:

Sozialkörper/ soziales System	synonym verwandte Begriffe für eine Einheit von Menschen, deren soziale Beziehungen systematisch geordnet sind.
Gruppe	kleinste Einheit eines Sozialkörpers.
Koalition	zweckbewußter Zusammenschluß von Menschen mit teilweise gleichen Zielen.
Kamarilla	auf einen Potentaten sich abstützende Koalition mit oft vielschichtigen Interessen.
Clique	Gruppe mit hindernisreichem Zugang.
Friktion	hier ein bei Clausewitz entwickelter Begriff für den Widerstand, den ein System der Ausführung von Plänen entgegenstellt.
Führer	Mitglied eines sozialen Systems, das mit Macht Einfluß auf Entscheidungen des Systems ausüben kann, sei es durch legitim erworbene Macht, sei es durch geschicktes soziales Einflußverhalten usurpierte Macht (nach Irle).
Soziale Intelligenz	zwei verwandte Bedeutungen: . . . der Grad der Fähigkeit eines Individuums, mit anderen zu kommunizieren, . . . der Grad der Fähigkeit eines Sozialkörpers, so in sich zu kommunizieren, daß intelligente Leistungen herauskommen.

Kognitive Dissonanz	mehrere miteinander unvereinbare „Auffassungen“ (hier Kognitionen); die Dissonanz schafft Aktionsbedarf zur Bewältigung dieser Konflikte. „Typische Anfangsbedingungen für kognitive Dissonanz sind Entschlüsse nach Entscheidungsprozessen, die zu nicht vorhergesehenen und unerwünschten Konsequenzen führen“ (nach Irle). Häufiges Handlungsmotiv eines Intriganten.
Konflikt	hier nicht synonym für „Kampf“ verwandt, sondern ausschließlich im Sinne von interpersonalem oder sachlichem Interessengegensatz. „Konflikt ist eine Form der Sozialisation in Gruppen. Gruppen benötigen für ihre produktive Entwicklung sowohl Phasen der Harmonie als auch solche des Konfliktes“ (W. H. Staehle). So wird in dieser Analyse Konflikt als eine Herausforderung für „Fortschrittsbedarf“ gesehen.
Johari-Fenster	Das „Johari-Fenster“ ist ein Fachbegriff aus der Sozialpsychologie. Es gliedert die Interaktionen zwischen Personen und zwischen Gruppen in vier Quadranten einer Matrix (beiden bewußt, beiden unbewußt, selbst bewußt/anderen bewußt, selbst bewußt/anderen unbewußt), wobei das Wort „Fenster“ unterschiedliche Durchlässigkeiten des Blickes symbolisiert.

Bibliographie

Edmond Barincou	Niccolo Machiavelli in Selbstbildnissen und Bilddokumenten	Hamburg 1958
Maria Bellonci	Lucrezia Borgia	Wien 1941
J. F. Bernard	Talleyrand	München 1979
Otto von Bismarck	Gedanken und Erinnerungen	Stuttgart 1972
Zbigniew Brzezinski	Power and Principle	New York 1983
Carl Jac. Burckhardt	Richelieu	München 1966
Vincent Cronin	Napoleon	Hamburg 1973
Carl v. Clausewitz	Vom Kriege — Auswahl	Stuttgart 1980
Emile Dard	Napoleon und Talleyrand	Gießen 1938
Heinz-Günter Deiters	Die Kunst der Intrige	Hamburg 1966
Friedrich Dürrenmatt	Die Physiker	Zürich 1972
Will Durant	Cäsar und Christus	Bern 1955
Will Durant	Die Renaissance	Bern 1959
Alexandre Dumas	Der Graf von Monte Christo	Augsburg 1978
Philippe Erlanger	Talleyrand	Frankfurt 1975
Philippe Erlanger	Ludwig XIV.	Frankfurt 1976
Joachim C. Fest	Hitler	Frankfurt 1973
Egon Friedell	Kulturgeschichte der Neuzeit (Gesamtausgabe)	München
G. P. Gooch	Friedrich der Große, Herrscher — Schriftsteller — Mensch	München 1976
Paul Guth	Mazarin	Frankfurt 1973
Georg Homsten	Voltaire	Reinbek 1971
Martin Irle	Macht und Entscheidungen in Organisationen. — Eine Studie gegen das Stabslinienprinzip —	Frankfurt 1971
Antony Jay	Management und Machiavelli — Von der Kunst, in der organisierten Welt oben zu bleiben —	Düsseldorf 1968
Henry A. Kissinger	Memoiren (1968—1973)	München 1979
Michael Korda	Macht — und wie man mit ihr umgeht	München 1979
Frederic L. Lane	Seerepublik Venedig	München 1980
Niccolo Machiavelli	Der Fürst	Stuttgart 1961
Leonard Mosley	Göring	München 1975
Margarete von Navarra	Das Heptameron	Stuttgart

Robert Payne	Stalin — Aufstieg und Fall	Stuttgart 1967
Louis Rouvroy Herzog von Saint-Simon	Ludwig XIV. — Niedergang und Ende (Auswahl aus den Memoiren von Anton Ritthaler)	München 1969
Otto Seel	Cicero	Stuttgart 1961
Heinz-Otto Sieburg	Geschichte Frankreichs	Stuttgart 1975
Eugène Scribe	Das Glas Wasser	Stuttgart 1960
Helmut Schelsky	Politik und Publizität	1983
Friedrich Schiller	Kabale und Liebe	Stuttgart 1979
Hans Joachim Schoeps	Bismarck über Zeitgenossen — Zeitgenossen über Bismarck	Frankfurt 1972
Christian Schütze	Die Kunst des Skandals	München 1967
Wolfgang H. Staehle	Management — eine verhaltenswissenschaftliche Einführung —	München 1985
John Toland	Adolf Hitler	Bergisch Gladbach 1977
Michael S. Voslensky	Nomenklatura — Die herrschende Klasse der Sowjetunion	München 1980
Stefan Zweig	Joseph Fouché	Leipzig 1930
Stefan Zweig	Maria Stuart	Berlin

Essays:

Rudolf Augstein	Das Buch vom Fürsten, das Buch vom Menschen	Spiegel 26/1980 Hamburg
Rainer Döbert	„Moral"	Kursbuch 60 Berlin
Ernst Haensli S. J.	Dialektik	(unveröffentlicht)
Blaise Pascal	Vom geometrischen Geist und von der Kunst zu überzeugen	Berlin 1938
Roger Rosenblatt	Letting bad enough alone	Time, Oktober 1980
Eberhard Schnelle und Karin Schrader-Klebert	Organisation von Zentralstellen — Macht — Kontrolle — Kooperation	Metaplan — R. 5 Quickborn 1974
Charles Yang	Japans Mythos verblaßt	Manager-Magazin 2/85 (Harvard Business Review Highlights)

TEXTE + THESEN

LIEFERBARE TITEL

Politik

Dalma, Rovan, Razumovsky, Vermehren, Ramseier
Euro-Kommunismus
Italien, Frankreich, Jugoslawien, Spanien, Portugal
ISBN 3-7201-5079-8 9,-

Fromme, Friedrich K.
Der Parlamentarier — ein Freier Beruf?
ISBN 3-7201-5103-4 12,-

Gysling, Erich
Arabiens Uhren gehen anders
Eigendynamik und Weltpolitik in Nahost
ISBN 3-7201-5149-2 14,-

Heck, Bruno
Vaterland Bundesrepublik?
ISBN 3-7201-5174-3 14,-

Hillgruber, A./Hildebrand, K.
Kalkül zwischen Macht und Ideologie
Der Hitler-Stalin-Pakt:
Parallelen bis heute?
ISBN 3-7201-5125-5 12,-

Höpker, Wolfgang
Aktionsfeld Pazifik
Politik, Wirtschaft, Strategie
ISBN 3-7201-5112-3 12,-

Höpker, Wolfgang
Sozialistische Internationale
Aufschluß über eine unbekannte Größe
ISBN 3-7201-5148-4 14,-

Kirsch, Botho
Kalter Friede — was nun?
Die Konfliktstrategie der Sowjets
ISBN 3-7729-5053-1 9,-

Kirsch, Botho
Westdrall — Ostdrift
Wie selbständig darf deutsche Politik sein?
ISBN 3-7201-5184-0 14,-

Kisielewski, Stefan
Polen — oder die Herrschaft der Dilettanten
Sozialismus und Wirtschaftspraxis
ISBN 3-7201-5111-5 12,-

Langguth, Gerd
Der grüne Faktor
Von der Bewegung zur Partei?
ISBN 3-7201-5169-7 14,-

Laufer, Heinz
Bürokratisierte Demokratie
ISBN 3-7201-5157-3 14,-

Lendvai, Paul
Das einsame Albanien
Reportage aus dem Land der Skipetaren
ISBN 3-7201-5177-8 14,-

Lobkowicz, Nikolaus
Marxismus und Machtergreifung
Der kommunistische Weg zur Herrschaft
ISBN 3-7201-5101-8 12,-

Mayer-Tasch, Peter C.
Die Welt als Baustelle
Fragen an die Politische Ökologie
ISBN 3-7201-5143-3 12,-

Meissner, Boris
Sowjetische Kurskorrektoren
Breshnew und seine Erben
ISBN 3-7201-5168-9 14,-

Oberreuter, Heinrich
Kann der Parlamentarismus überleben?
Bund, Länder, Europa
ISBN 3-7201-5093-3 9,-

Oberreuter, Heinrich
Übermacht der Medien
Erstickt die demokratische Kommunikation?
ISBN 3-7201-5144-1 14,-

Oberreuter, Heinrich
Parteien — zwischen Nestwärme und Funktionskälte
ISBN 3-7201-5165-4 14,-

Ortlieb, Heinz-Dietrich
Vom totalitären Staat zum totalen Egoismus
Anarchistische Schatten deutscher Vergangenheit
ISBN 3-7201-5105-0 12,-

Ortlieb, H.-D./Lösch, D.
Was wird aus Südafrika?
Ein Subkontinent sucht den lenkbaren Wandel
ISBN 3-7201-5187-5 14,-

Pauls, Rolf F.
Rettet uns die Rüstungspolitik?
Sicherheit am Ende eines unsicheren Jahrhunderts
ISBN 3-7201-5152-2 14,-

Roegele, Otto B.
Medienpolitik — und wie man sie macht
ISBN 3-7729-5040-X 9,-

Rühle, Hans
Angriff auf die Volksseele
Über Pazifismus zum Weltfrieden?
ISBN 3-7201-5175-1 14,-

Rüthers, Bernd
Grauzone Arbeitsrechtspolitik
ISBN 3-7201-5190-5

Sontheimer, Kurt
Der unbehagliche Bürger
Vom deutschen Umgang mit der Demokratie
ISBN 3-7201-5122-0 12,-

Ströbinger, Rudolf
Roter Kolonialismus
Minderheiten im Ostblock
ISBN 3-7201-5131-X 12,-

Ströbinger, Rudolf
Poker um Prag
Die frühen Folgen von Jalta
ISBN 3-7201-5181-6 14,-

Veen/Meissner/Domes/Kux/Mertes
Wandel im Kommunismus
ISBN 3-7201-5114-X 12,-

Weidenfeld, Werner
Ratlose Normalität
Die Deutschen auf der Suche nach sich selbst
ISBN 3-7201-5172-7 14,-

Wingen, Max
Kinder in der Industriegesellschaft — wozu?
Analysen — Perspektiven — Kurskorrekturen
ISBN 3-7201-5146-8 14,-

Zimmermann, Ekkart
Massen-Mobilisierung
Protest als politische Gewalt
ISBN 3-7201-5 163-8 14,-

Zöller, Michael, Hrsg.
Aufklärung heute
Bedingungen unserer Freiheit
ISBN 3-7201-5126-3 12,-

Wirtschaft

Andreae, Clemens-August
Vom Boß zum Partner
ISBN 3-7201-5154-9 14,-

Huppert, Walter
Sozialpolitik — Stolz der Nation
Bedenkliche Folgen des Wohlfahrtsstaates
ISBN 3-7201-5145-X 12,-

Jenny, Hans
Das neue Afrika
Kontinent im Umbruch
ISBN 3-7201-5127-1 12,-

Jungblut, Michael
Je mehr er hat, je mehr er will . . .
Über soziale und wirtschaftliche Machbarkeiten
ISBN 3-7201-5133-6 14,-

Kirsch, Botho
Zwischen Marx und Murks
So wirtschaftet der Osten
ISBN 3-7201-5123-9 14,-

Obst, Werner
Reiz der Idee — Pleite der Praxis
Ein deutsch-deutscher Wirtschaftsvergleich
ISBN 3-7201-5158-1 14,-

Pentzlin, Heinz
Arbeitslos — Los der Zukunft?
ISBN 3-7201-5085-2 9,-

Rüthers, Bernd
Die offene ArbeitsGesellschaft
Regeln für soziale Beweglichkeit
ISBN 3-7201-5186-7 14,-

Schoeck, Helmut
Ist Leistung unanständig?
ISBN 3-7729-5013-2 9,-

Theobald, Adolf
Das Ökosozialprodukt
Lebensqualität als Volkseinkommen
ISBN 3-7201-5185-9 14,-

Zeller, Willy
Die unvollendete Union
Qualitätsmängel der Europäischen Gemeinschaft
ISBN 3-7201-5092-5 9,-

Gesellschaft

Fisch, Mascha M.
Zwischen Abenteuer und Frust
Frauen in ungewöhnlichen Berufen
ISBN 3-7201-5**173**-5 14,-

Haag, Herbert
Bewegungskultur und Freizeit
Vom Grundbedürfnis nach
Sport und Spiel
ISBN 3-7201-5**188**-3

Helbling, Hanno, Hrsg.
Religionsfreiheit im 20. Jahrhundert
ISBN 3-7201-50**94**-1 9,-

Helle, Horst J.
Familie — Zwischen Bibel
und Kinsey-Report
ISBN 3-7729-50**46**-9 9,-

Hellmer, Joachim
Verdirbt die Gesellschaft?
Kriminalität als
zwischenmenschliches Verhalten
ISBN 3-7201-5**132**-8 14,-

Höhler, Gertrud
Gesinnungskonkurrenz der Intellektuellen
ISBN 3-7201-51**06**-9 12,-

Hölder, Egon
Durchblick ohne Einblick
Die amtliche Statistik zwischen Datennot
und Datenschutz
ISBN 3-7201-5**179**-4 14,-

Hoff, Klaus
Wie modern ist konservativ heute?
ISBN 3-7729-50**38**-8 9,-

Klose, Werner
Stafetten-Wechsel
Fünf Generationen formen unsere Welt
ISBN 3-7201-5**160**-3 14,-

Kühn, Evelyn
Viel Staat — doch wenig Recht
Wie Gesetze uns verplanen
ISBN 3-7201-5**137**-9 12,-

Lehr, Ursula
Ist Frauenarbeit schädlich?
Im Spannungsfeld von Familie und Beruf
ISBN 3-7201-5**116**-6 12,-

Lenk, Hans
Eigenleistung
Plädoyer für eine positive Leistungskultur
ISBN 3-7201-5**164**-6 14,-

Lenk, Hans
Die achte Kunst
Leistungssport — Breitensport
ISBN 3-7201-5**176**-X 14,-

Leuenberger, Theodor
Lebenskonzepte: Brauchen wir
veränderte Leitbilder?
ISBN 3-7201-5**139**-5 12,-

Lindner, Roland, Hrsg.
Verspielen wir die Zukunft?
Gespräche über Technik und Glück
ISBN 3-7201-5**150**-6 14,-

Lobkowicz, N./Hertz, A.
Am Ende aller Religion?
Ein Streitgespräch
ISBN 3-7201-50**77**-1 9,-

Lübbe, Hermann
Zwischen Trend und Tradition
Überfordert uns die Gegenwart?
ISBN 3-7201-5**136**-0 14,-

Maier, Hans
Die Grundrechte des Menschen
im modernen Staat
ISBN 3-7729-50**36**-1 9,-

Mast, Claudia
Aufbruch ins Paradies?
Die Alternativbewegung und ihre Fragen
an die Gesellschaft
ISBN 3-7201-5**124**-7 12,-

Mast, Claudia
Zwischen Knopf und Kabel
Kommunikationstechnik für Wirtschaft
und Feierabend
ISBN 3-7201-5**161**-1 14,-

Meier-Bergfeld, Peter
Staats(ver)diener
Der öffentliche Dienst
ISBN 3-7201-5**166**-2 14,-

Meves, Christa
Werden wir ein Volk von Neurotikern?
Antrieb — Charakter — Erziehung
ISBN 3-7201-50**81**-X 14,-

Noelle-Neumann, Elisabeth
Werden wir alle Proletarier?
Wertewandel in unserer Gesellschaft
ISBN 3-7201-5**102**-6 12,-

Noelle-Neumann, Elisabeth
Eine demoskopische Deutschstunde
ISBN 3-7201-5155-7 14,-

Roegele, Otto B., Hrsg.
Das dritte Alter
Abgeschrieben oder aufgewertet?
ISBN 3-7729-5043-4 9,-

Roegele, Otto B.
Was wird aus dem gedruckten Wort?
Vom Lesen als Bürgerpflicht
ISBN 3-7201-5099-2 9,-

Roegele, Otto B.
Neugier als Laster und Tugend
ISBN 3-7201-5142-5 14,-

Schmitz-Moormann, Karl
Menschenwürde
Anspruch und Wirklichkeit
ISBN 3-7201-5117-4 12,-

Silbermann, Alphons
Der ungeliebte Jude
Zur Soziologie des Antisemitismus
ISBN 3-7201-5134-4 12,-

Silbermann, Alphons
Was ist jüdischer Geist?
Zur Identität der Juden
ISBN 3-7201-5167-0 14,-

Spann, Wolfgang
Justitia und die Ärzte
Leben, Gesundheit und Gesetz
ISBN 3-7201-5115-8 12,-

Usbeck, Ilse
Studenten-Muffel
Ratschläge für den Umgang mit einer traurigen Generation
ISBN 3-7201-5153-0 14,-

Wilhelm, Theodor
Die Rede vom Partner
Über soziale Einstellungen der Zukunft
ISBN 3-7201-5129-8 12,-

Wingen, Max
Nichteheliche Lebensgemeinschaften
Formen — Motive — Folgen
ISBN 3-7201-5171-9 14,-

Wulffen, Barbara von
Zwischen Glück und Getto
Familie im Widerspruch zum Zeitgeist?
ISBN 3-7201-5128-X 14,-

Kultur/Bildung

Betz, Werner
Verändert Sprache die Welt?
Semantik, Politik und Manipulation
ISBN 3-7201-5097-6 9,-

Claus, Jürgen
Umweltkunst
Aufbruch in neue Wirklichkeiten
ISBN 3-7201-5151-4 14,-

Heuschele, Otto
Gespräche zwischen den Generationen
ISBN 3-7201-5119-0 12,-

Maier, Hans
Sprache und Politik
Essay über aktuelle Tendenzen — Briefdialog mit Heinrich Böll
ISBN 3-7201-5080-1 9,-

Mensing, Wilhelm
Maulwürfe im Kulturbeet
DKP-Einfluß in Presse, Literatur und Kunst
ISBN 3-7201-5156-5 14,-

Nipperdey, Thomas, Hrsg.
Hochschulen zwischen Politik und Wahrheit
Sind die Reformen zu verkraften?
ISBN 3-7201-5140-9 12,-

Roellecke, Gerd
Wird das Falsche falsch studiert?
Vom Hintersinn der Studienreform
ISBN 3-7201-5118-2 12,-

Rosenberg, Alfons
W. A. Mozart
Der verborgene Abgrund
ISBN 3-7201-5076-3 9,-

Ross, Werner
Mit der linken Hand geschrieben . . .
Der deutsche Literaturbetrieb
ISBN 3-7201-5170-0 14,-

Rüegg, Walter, Hrsg.
Konkurrenz der Kopfarbeiter
Universitäten können besser sein:
Ein internationaler Vergleich
ISBN 3-7201-5182-4 14,-

Schmitt, Hatto H.
Vademecum für empörte Eltern
Absurdes aus der Schulpolitik
ISBN 3-7201-5096-8 9,-

Seel, Wolfgang
Das anstrengende Vorbild
Japan — vom Kindergarten
bis zur Industrieforschung
ISBN 3-7201-5159-X 14,-

Seel, Wolfgang
Bildungs-Egoismus
Alle wollen mehr
ISBN 3-7201-5180-8 14,-

Natur/Umwelt

Hammer, Felix
Selbstzensur für Forscher?
Schwerpunkte einer Wissenschaftsethik
ISBN 3-7201-5162-X 14,-

Illies, Joachim
Nicht Tier, nicht Engel
Der Mensch zwischen Natur und Kultur
ISBN 3-7201-5059-3 9,-

Illies, Joachim
Adolf Portmann, Jean Gebser
Johann Bachofen
Drei Kulturforscher —
Drei Bilder vom Menschen
ISBN 3-7201-5067-4 9,-

Illies, Joachim
Der Mensch in der Schöpfung
Ein Naturwissenschaftler liest die Bibel
ISBN 3-7201-5088-7 9,-

Illies, Joachim
Schöpfung oder Evolution
Ein Naturwissenschaftler
zur Menschwerdung
ISBN 3-7201-5121-2 12,-

Illies, Joachim
Theologie der Sexualität
Die zweifache Herkunft der Liebe
ISBN 3-7201-5135-2 14,-

Langguth, Susanne
Food und Fakten
Wie sicher sind unsere Lebensmittel?
ISBN 3-7201-5189-1

Maier-Leibnitz, Heinz
An der Grenze zum Neuen
Rollenverteilung zwischen Forschern und
Politikern in der Gesellschaft
ISBN 3-7201-5090-9 9,-

Maier-Leibnitz, Heinz
Der geteilte Plato
Ein Atomphysiker zum Streit
um den Fortschritt
ISBN 3-7201-5138-7 14,-

Mayrhofer, Franz
Warum sind alle unzufrieden?
Massenmensch und Gleichgewicht
ISBN 3-7201-5130-1 12,-

Verhülsdonk, Eduard
Logenplatz im Universum
Eine kosmische Standort-
bestimmung
ISBN 3-7201-5012-4 9,-

Wulffen, Barbara von
Lichtwende
Vorsorglicher Nachruf auf die Natur
ISBN 3-7201-5178-6 14,-